JN410262

민병임 칼럼

족발이든 감자든

족발이든 감자든

민병임 칼럼

1판 1쇄 인쇄/ 2017년 8월 20일
1판 1쇄 발행/ 2017년 8월 25일

지은이 / 민 병 임
펴낸이 / 우 희 정
펴낸곳 / 도서출판 소소리

등록 / 제300-2007-21호
주소 / 03073 서울 종로구 성균관로 5길 39-16
전화 / 765-5663, 010-4265-5663
e-mail: sosori39@hanmail.net
www.sosori.net

값 12,000 원

*잘못된 책은 바꿔드립니다.

ISBN 979-11-5891-081-5 03810

족발이든 감자든

민병임 컬럼

책을 내면서

1989년 2월 19일 뉴욕에 왔고 그해 5월 15일 뉴욕한국일보에 입사했다. 현재 일하고 있으니 28년이 넘은 나의 이민생활은 신문사에서의 삶이라 할 수 있다.

미국에 온 지 두 달 후 두 살배기 딸아이 손을 잡고 플러싱 7번 종점에서 전철을 탔다. 퀸즈보로 플라자 역에 내리니 아이는 그새 잠이 들었고 신문사 주소가 적힌 종이쪽지를 든 채 아이를 업었다. 시티뱅크 하나가 우뚝 서 있을 뿐 허허벌판인 롱아일랜드 시티 일대를 30분 이상이나 헤매었다. 묻고 물어서 도착한 뉴욕한국일보사는 지하철역 바로 옆에 있었다. 오른쪽으로 고개만 돌리면 되는데 그만 신문사를 지나쳐 엉뚱한 길로 간 것이다. 이렇게 찾아간 신문사에 무작정 이력서를 들이밀었다.

한국의 여원잡지사 기자 8년 경력으로 신문사에 들어와 시작된 기자생활은 주로 한인사회 안에서 이뤄졌다. 맨해튼과 플러싱의 한인타운으로 취재를 다니던 시절은 오래전에 마감하고 데스크에 앉아 후배의 원고를 보다가 내 이름을 단 칼럼을 써온 지도 20여 년이다.

칼럼은 '여기자 벤치', '27스트릿', '민병임 칼럼', '살며 느끼며'로

소제목이 바뀌면서 계속되고 있고 1천 편이 가깝다. 미국사회와 한인사회에 대한 시사적인 내용을 비롯 자녀교육, 삶에 대한 수상, 미국문화 및 한국문화 등 다양한 자유 주제로 매주 한 번씩 독자들을 만나고 있다.

1주일에 한 번 쓴 칼럼이 박스 안에 쌓이면서 참으로 많은 말을 했구나 싶어 민망하기도 하다. 그래도 뉴욕에서 나의 30대, 40대, 50대에 어떤 생각을 하고 살았나를 알 수 있는 흔적인데 버리기도, 지우기도 그렇다. 오래전의 것이라도 하고 싶은 말을 했을 때, 직장 여성이자 두 아이 엄마로써 느낀 그때 그 감성, 뉴욕 문화생활 등의 칼럼을 모았다. 무모하게도 날 것 그대로 묶어 소박하게 펴낸다.

아직 나의 바쁜 일과는 계속 되고 있다. 새벽 6시 알람 소리에 일어나 도시락을 싸고 아침상을 차리고 출근준비를 한다.

그동안 1990년 9·18 평화시위, 9·11테러, 걸프전과 이라크 전쟁, 글로벌 금융위기로 어려워진 한인경제, 불법체류자 한인 등등 뉴욕의 역사 속에 한인이민의 역사가 녹아있다.

개인적으로는 뉴욕 온 지 3년 만에 처음 한국에 나가 임종을 앞둔

아버지를 눕혀놓고 신년특집 취재를 나갔고 1994년 휴가와 병가를 하루, 이틀씩 쓰면서 통원치료를 하던 시절, 종일 링거를 맞고 집에 오면 눈앞의 활자가 흐릿했지만 다음날 넘길 원고를 정리해야 했다.

사는 것이 힘들고 서러워서 처져있으면 서너 살 된 둘째 딸이 다가와 "5분만 안고 있어도 돼." 선심을 썼고 따스하고 작은 몸을 꼭 껴안고 있으면 스르르 마음이 풀려나갔다.

요즘, 아침마다 아무도 없는 편집국에 30분 일찍 와서 불을 켜면 밤새도록 잠에 곯아떨어졌던 온갖 사물들이 화닥닥 깨어나는데 그 순간이 그렇게 좋을 수가 없다.

하루 10시간 노동을 하는 남편 민경한, 약사인 첫째딸 민희윤, NGO에 다니는 둘째딸 민정윤 등 가족들이 옆에 있어 책을 낼 수 있었다. 한국과 미국에서 여기자로 살아온 38년 만에 감히 용기를 냈다. 모든 분들이 편하게, 쉽게, 부담 없이 읽으시길 바란다.

28년 이상 나의 신성한 일터인 뉴욕한국일보에 깊은 고마움을 전한다.

2017년 8월 뉴욕 아스토리아에서 저자 민병임

▷ 차 례

2장 우리의 보금자리, 플러싱

3장 뷰티풀 라이프

4장 황금 변기

5장 뒤로 걷는 엄마는

1.

난민과 시민권

미국과 한국관련 시사성 있는 칼럼을 모았다. 9·11, 불법체류자, 한흑갈등 시위, 동성애자, 입양, 테러, 총기참사, 난민 등 관련 칼럼인데 오래전에 쓴 것이라도 진리는 변하지 않는다는 생각에 그대로 실었다. 순서는 최근의 것부터, 뒤로 갈수록 오래전 칼럼이다.

칼레의 시민과 난민

프랑스 북부 도시 칼레(Calais)의 난민촌 일부가 불탔다. 열악한 환경으로 '정글'이라 불리는 이곳에 지난달 29일 폭동진압 경찰을 태운 차량 40여 대가 속속 도착, 불도저 2대를 앞세운 철거인력들이 난민촌 남쪽 지역인 이란인 텐트를 허물기 시작했다.

경찰은 철거에 앞서 "1시간 내로 지금 살고 있는 텐트를 떠나라. 곧 철거가 시작된다."고 방송했다.

그러나 어딜 간단 말인가. 조국을 떠나 집도 절도 없이 임시로 머물면서 일자리가 많고 영어를 사용하는 영국으로 가기를 학수고대하는 이들이 갈 곳은 없었다.

일부 난민들이 경찰의 지시를 따르지 않고 텐트에 불을 지르는 등 반발하자 경찰은 최루탄을 쏘며 해산시켰고 이날 100여개의 텐트, 판잣집을 철거했다고 한다.

칼레는 영국과 가장 가까운 프랑스 항구 도시로 영국과 프랑스를 잇는 고속도로 유로스타 역과 여객선 항구가 있다. 이곳 난민촌에는 북아프리카와 중동, 아프가니스탄 등에서 온 난민 4천여 명이 머물고 있다.

난민과 시민활동가들이 경찰과 몸싸움을 벌이고 경찰과 철거 인력들을 향해 돌을 던지는 등 철거작업이 지속되면서 난민들의 저항이 더욱 거세지고 있다 한다. 지난해 1백만 명이 넘는 중동 난민을 받아들인 유럽 국가들이 곳곳에서 더 이상의 난민들을 거부하고 있다.

칼레의 도시명은 우리에게 낯익다. 오귀스트 로댕의 걸작 '칼레의 시민들'을 기억할 것이다. 죽음을 자처한 씩씩한 모습보다 죽음의 두려움에 맞서 자신을 희생하는 것이 영웅이라고 여긴 로댕은 공포에 질린 극히 평범한 6인의 모습을 조각해 시대를 넘어 대중의 마음을 끌어당기고 있다.

프랑스와 영국 사이에 백년전쟁이 일어났고 칼레는 잉글랜드 도버와 가장 가까운 거리에 있어 집중공격을 받게 된다. 1347년 칼레는 영국군에게 함락되어 영국령이 되었다. 무려 251년이나 영국의 식민지로 있다가 1558년 탈환해 다시 프랑스령이 되었다. 칼레가 비운의 도시가 된 것은 백년전쟁이 시작된 지 10년 후다.

잉글랜드왕 에드워드 3세는 1346년 9월 칼레항을 포위했으나 시민들은 1년 동안 저항하면서 칼레를 지켰다. 그러나 먹을 것이 떨어지면서 어쩔 수 없이 항복하는데 영국왕은 이를 받아들이면서 조건을 내놓았다. 바로 칼레시민 6명의 목숨이었다.

먼저 칼레의 최상위층 부자 유스타슈 생 피에르가 나섰다. 고위

관료, 법률가, 상인 등 상류층 여섯 명도 목숨을 내놓겠다고 했다. 사형 집행 날 단 한 명이라도 빠지면 칼레시민 8천명을 몰살하겠다는 영국 왕의 협박에 피에르는 교수대로 가기 전에 스스로 목숨을 끊었다.

나머지 6명도 영국의 요구대로 삭발을 하고 목에 밧줄을 매고 자루 옷을 입고 맨발인 채 교수대로 향했다. 마지막 순간 영국 왕비의 간청으로 6명은 살아났다. 로댕은 이들이 교수대로 향하는 모습을 구릿빛 동상으로 만들었다.

수백년 전 칼레는 스스로 희생을 자처하는 용기와 의가 넘치는 지도자를 지닌 도시였다. 프랑스어 노블레스 오블리주(Noblesse Oblige, 지배층의 도덕적 의무)의 기원이 되는 이야기다.

오늘날, 칼레 시민들은 오갈 데 없는 난민들을 어떻게 바라보고 있을까? 불법체류자에 폭력과 비위생적 환경을 떠올리며 어서 이 도시를 떠나기를 기다리고 있을까. 위급한 상황에 처한 난민들의 처지가 자신에게 불티로 돌아올까 문을 걸어 잠그고 방관자로 있을까.

칼레 난민들은 지금, 먹을 것, 마실 것, 잠자리가 불편하고도 부족하다. 그리고 내일을 걱정한다. 칼레는 더 이상 '비운의 도시'가 되어서는 안 된다. 역사에 '행운의 도시'로 불리는 일은 과연 일어날까.

로댕의 '칼레의 시민들' 동상이 우리에게 부끄러움을 가르치기 바란다. 무릇 한인사회 지도자들은 메트 뮤지엄 1층에 '칼레의 시민들' 복제품이 있다. 그 앞에 가서 한번 자신을 돌아보라.

(2016. 3. 2)

소통하는 리더가 되자

2,200여 년 전 고대 중국 한나라 문제에게 가의라는 신하가 있었다. 가의(賈誼, 기원전 201년~기원전 168년)는 낙양 출신으로 20세에 최연소 박사가 된 인물로 당대 최고의 문장가였다.

가의가 건의한 치안책은 문제의 통치에 큰 영향을 주었다. 고조가 정한 농지의 조세를 반으로 감축하고 만년에는 토지세를 폐지했을 뿐 아니라 진 이래의 악법인 연좌제와 신체에 고문을 가하는 육형을 폐지하였다.

가의의 이름이 지금도 정치인과 문인들에게 오르내리는 것은 그 유명한 과진론(過秦篇) 때문이다. 최초로 중국을 통일한 진나라가 범한 잘못을 비판해 과진(過秦)이라 했다.

과진론 상편에서는 진나라가 중국을 통일한 형세와 그 후에 멸망한 주요원인을 총괄적으로 논하였다. 중편에서는 시황제의 정확한 정책 결핍과 그 뒤를 이은 호해가 그 전철을 밟으면서 아무런 개선도 하지 않았음을 분석했고 하편은 진나라 정권이 위급한 때에 군주인 자영은 이를 일으켜 세울 만한 능력이 없음을 설명하였다. 그는 가혹한 형벌과 법률로는 백성을 다스릴 수 없고 진왕조가 아무리 강대해도 잔인하고 포악하여 민심을 잃는다면 필연적으로 전복될 수밖에 없다는 것을 강조하였다.

특히 가의는 진을 멸망으로 이끈 가장 큰 원인의 하나로 '위아래의 언로(言路)가 막히면 나라를 망친다'고 했다. 사마천은 사기(史記)의 '진시황 본기' 말미에서 이 과진론의 전문을 인용했다. 이는 소통의 문제를 제기한 것이다.

이는 한의학에서 '통즉불통(通則不通) 불통즉통(不通則痛)'이다. 통하면 안 아프고 안 통하면 아프다, 즉 병이 들었다는 것은 기가 막혀 통하지 않는 상태인 것이다. 우리 몸 안의 기가 원활하게 흐르지 않고 군데군데 막혀있으면 순환이 잘 안되므로 몸 구석구석 안 아픈 데가 없는 것이다.

이처럼 사회에서도 언로가 막히면 기의 흐름이 끊어져 사회는 불통의 시대로 가게 된다. 리더가 자신의 귀에 달콤한 말만 들으려다가는 소통이 단절되어 그 사회는 끝장나게 마련이다.

이렇게 바른 말만 하던 가의는 한왕조의 중앙집권화 정책을 건의했고 이로 인해 수구파 관료들의 미움을 받아 결국 그는 25세 나이에 장사로 좌천되고 만다.

얼마 전 이 '가의'란 이름을 허난설헌의 생애를 다룬 『허난설헌』(김신명숙 저) 책을 읽다가 발견하고 반가웠던 적이 있다. 조선 최고 여류

시인 허난설헌은 시 「갑산으로 가는 오라버니께」라는 시에 그의 이름을 인용했다.

멀리로 귀양 가는
갑산 나그네여
함경도 길 가느라
마음 더욱 바쁘겠네
쫓겨나는 신하야
가의(賈誼)와 같겠지만
쫓아내는 임금이야 어찌 초나라 회왕 같으랴.

조선은 물론 중국과 일본에서도 이름을 알 정도로 주옥같은 시를 남긴 허난설헌은 작은 오라비 하곡이 당파 싸움 끝에 갑산으로 귀양 가자 이 시를 지었다. 「홍길동전」의 저자 허균의 여동생이기도 한 허난설헌은 귀양 간 하곡이 객사하고 난 뒤 본인도 27세에 요절한다.

다행히 가의는 다시 중앙에 소환되어 문제의 막내아들 유읍의 태부가 된다. 그러나 모시던 유읍이 낙마로 인해 죽자 그 슬픔을 이기지 못하고 마음이 병들어 이듬해인 33세에 죽고만 아까운 인물이다.

붉은 원숭이의 해 병신년(丙申年)을 시작하면서 2,100여 년 전 한 천재 학자가 든 소통의 문제를 말하고 싶다.

리더는 소통의 문제에 늘 신경을 써야 한다. 귀에 좋은 말만 들으려 하지 말라. 쓴소리도 담아두어야 약이 된다. 무릇 한 국가나

단체의 리더는 대통령, 공무원, 단체장, 회장이나 사장, 반장은 위아래, 서로, 상호간 소통해야 한다. 부부를 비롯 가정에서도 언로가 막히면 부정적 관계가 악화된다.

올해에는 뉴욕 한인사회에도 너와 나, 가족, 이웃, 단체와 사회 전반에 걸쳐 소통이 잘 되어 아프고 힘들고 고통스런 일들이 모두 해소되기를 기대한다. (2015. 10. 2)

난민과 시민권

데오도르 제리코(1818~1819)의 '메두사호의 뗏목'이란 그림을 한 번쯤 보았을 것이다. 거센 풍랑이 이는 바다 위 뗏목에는 죽은 사람들이 널브러져 있고, 죽은 아들을 껴안은 노인, 인육을 먹는데 사용된 도구, 구명신호를 보내는 생존자 등 절망, 두려움, 고통, 비탄, 가녀린 희망이 가득 담긴 그림이다.

1816년 실제 사건으로 프랑스의 메두사호가 생루이 항으로 가다가 암초로 배가 좌초하면서 귀족들은 구명보트를 타고 달아나고 식민지 정착민들은 뗏목에서 15일간 음식물도 없이 치열한 생존투쟁 후 극소수가 살아남았다.

현재 파리 루브르 박물관에 소장된 이 그림을 보면 죽음의 바다를 거슬러 올라가는 난민들 모습이 보인다. 막 가라앉을 것 같은 작은 고무보트 위에 빼곡하게 들어앉은 난민들, 사람들의 표정에는 생에 대한 갈망이 가득한데 구조될 희망은 없다.

요즘 유럽의 가장 민감한 문제로 떠오른 난민들, 전쟁과 내란으로 목숨을 위협받은 난민들이 지중해를 통해 유럽으로 건너가다 떼죽음을 당하고 있다. 지난해만 지중해에 수장된 난민 수가 1만 8천여 명, 아프리카의 에리트레아, 잠비아, 나이지리아, 소말리아, 중동의 시리아 난민들이다.

난민들이 처음 도착하는 유럽 땅은 유럽 외곽 지역인 이탈리아, 그리스, 스페인, 몰타 등이다. 이들 대부분의 최종 목적지는 부유하고 안정적인 서유럽이나 북유럽 국가이다.

지난 3월 파노스 카메노스 그리스 국방장관은 유럽연합(EU)을 향해 '자신들을 도와주지 않는다면 유럽 난민들을 풀어버리겠다'고 엄포를 놓았다. 유럽의 주류세력인 유럽연합, 유럽중앙은행, 독일 정부 등이 계속 긴축을 강요한다면 그리스로 유입되는 난민을 유럽 전역으로 내보겠다는 것이다.

2003년 발효된 더블린 조약에 의하면 난민 신청자는 현재의 거주지와 상관없이 자신이 처음 들어온 유럽 연합 회원국에 머물면서 난민 심사를 받아야 한다. 처음 입국한 나라는 난민에게 거주 환경을 제공해야 한다. 난민을 빌미로 도와달라고 협박하던 그리스는 13일(현지시간) 유럽재정안정화기구(ESM)로부터 제3차 구제금융을 합의, 한창 협상 중이다.

유럽 각지를 여행하다 보면 도시는 물론 소도시나 항구 어디를 가도 로마시대 유적이 남아있는 것을 보게 된다. 로마 시대 수로, 성벽, 성전은 물론 2세기에 지어진 원형극장의 경우 지금도 오페라

야외공연장으로 사용되는 곳이 있다.

고대 로마가 대제국으로 군림했던 가장 큰 이유는 타민족에게 로마 시민권을 주는데 마음이 아주 후했다는 점이다. 기원전 270년경에 이탈리아 반도를 통일한 고대 로마는 패자를 노예로 만들지 않았고 타민족은 물론 노예에게도 시민권을 주었다. 고대 로마는 시민권 제도를 통해 다민족 사회를 통합해 나갔다.

오늘날은 미국이 세계 각국의 이민을 받아들여 다문화 다민족 국가로서 세계를 리드하고 있다. 500만 불법체류 이민자들을 구제할 것으로 기대되는 오바마 대통령의 이민개혁 행정명령이 임기 내 실현될 가능성은 불투명하다. 하지만 미국에 사는 우리들은 모두 이민자라는 것을 수시로 기억해야 한다.

그런데 어떤 유럽 국가는 난민들이 도망쳐 온 나라의 독재정권과 난민을 돌려보낼 협상을 하는가 하면 국경봉쇄 강화 조건으로 경제적 지원을 약속하기도 한다. 터지는 봇물을 억지로 막을 수 있을까. 손바닥으로 막으려다 물벼락 맞지 말고 차라리 그 물에 발을 담그면 어떨까. 경제적으로 안정된 나라일수록 난민을 더 많이 받는 정책 같은 것 말이다.

잘사는 서유럽과 북유럽, 경제위기에 봉착한 남유럽이 진정한 '하나의 유럽'이 되기에는 갈 길이 멀어 보인다.

(2015. 7. 16)

무지개가 떴다

2015년 6월 26일 미국 대법원이 동성결혼을 전면적으로 인정하는 역사적 판결을 내렸다. 28일 맨해튼 5애비뉴에서 열린 '동성애자의 프라이드 연례퍼레이드'에 성소수자 및 동참자 2만 2천여 명이 자동차로, 도보로 행진하며 춤추고 노래했다.

게이, 레즈비언, 양성애자, 트랜스젠더 등 성적 다양성을 지닌 행렬이 지나가는 보도에는 수십만 명의 시민들이 무지개색의 모자, 깃발, 머리띠, 넥타이, 의상을 입고 환호성을 지르며 '동성결혼 합법'을 축하해주었다. 살짝 부슬비가 내리는 맨해튼 하늘에 무지개가 떴다. 온통 무지개로 뒤덮였다. 빨·주·노·초·파·보의 6색 무지개 깃발은 성적 소수자의 프라이드를 상징한다.

똑같은 검정 양복 차림으로 거대한 케이크 모형 박스 위에 올라선 게이 커플은 오늘 결혼했다면서 결혼반지를 자랑 한 뒤 키스를 하고 조금 뒤에 온 자동차 행렬 위에서는 금발의 긴 머리카락을 날리며 레즈비언 커플이 키스를 했다. 서너 살짜리 남자아이는 화려한 왕관을 쓰고 무지갯빛 드레스를 입고 춤추며 걸어가고 짙은 화장과 무지개색 드레스를 입은 트랜스젠더 행렬에는 동양인이 제법 있었다.

행렬 중에는 성적 소수자들 외에 인권단체 지지자들과 구글, 애플 컴퓨터, 코카콜라, 스타벅스, 시티뱅크, 뉴욕라이프 등등 회사 직원들이 대거 참여하여 자유, 인권, 평등을 외치고 있었다.

이날 밤 워싱턴 DC 백악관 외벽도 무지개 조명으로 장식되었다.

현재 동성결혼을 허용하는 국가는 21개국, 가장 먼저 허용한 국가는 2000년 의회에서 동성결혼 허용헌법을 통과시킨 네덜란드이다. 중동과 아프리카 지역은 동성애에 투석형 등 극형을 가하기도 한다.

교계에서는 이미 동성결혼 예식을 허용한 그리스도연합교회, 미국 장로교회, 두 개신교단에 이어 1일 미국 성공회도 동성커플에 대한 결혼예식을 허용하기로 결정했다고 한다.

반면 미국 장로교 한인교회 전국총회는 동성결혼 불허 입장을 밝혔다. 한인사회에서도 '결혼은 이성간에 이뤄지는 것'이라며 이번 대법원 결정에 당혹한 반응을 보이기도 한다.

불과 50년 전, 게이 또는 레즈비언이라고 커밍아웃 했다가 사회적 매장을 당한 경우가 많았다. 이젠 교회에서 동성커플이 결혼식을 올리니 세상은 참으로 빠르게 변하고 있다.

어지러울 정도로 돌고 있는 세상 한가운데 내가 있다는 것, 내키지 않아도 인정해야 할 때인 것이다.

이 날의 무지개색은 1978년 미국화가 길버스 베이커가 디자인한 것으로 원래 8가지색이었으나 핑크색과 남색이 빠지고 현재의 빨주노초파보의 6가지 색상으로 되었다. 빨강은 삶, 주황은 치유, 노랑은 태양, 초록은 자연, 파랑은 예술, 보라는 영혼을 의미한다.

게이 퍼레이드를 보면서 별반 충격적이지 않았던 것은 그들이 다 똑같은 사람이라는 것을 새삼 느낀 것이다. 눈에 띈 것은 남성적 몸매의 트랜드젠더들의 짙은 화장과 화려한 드레스였지만, 새삼스레 뭘 입고 어떤 치장을 하건 뉴요커로서 별반 놀랄 일도 아니었다.

그런데 이 핍스 애비뉴의 인산인해 관중들이 저마다 손에 들고 걸친 이 무지개색이 우리의 색동저고리를 자꾸 떠올리게 했다. 6세기 고구려 벽화에서 보듯 선조들은 음양오행설에 따라 액을 막고 복을 받기 위해 오방색 천을 이어서 옷을 지어 입었다. 빨강, 노랑, 파랑, 하양, 분홍, 청색의 6가지 색에 때로 연두, 남보라, 자주색 헝겊을 이어서 만든 색동은 저고리, 마고자, 두루마기 등에 두루 쓰였다. 만물이 화합하고 조화를 이루어 기쁨과 행복을 기원하는 의미였다.

사실, 색동에서 빨강이나 파랑, 노랑, 어느 한 가지 색이 빠지면 밸런스가 깨져버린다. 각각의 색이 개성, 정체성을 서로 존중하면서 함께 있어야 한다.

무지개색은 '사람은 저마다 개성과 취향, 성격, 버릇, 모든 것이 다르다'는, 이 다양성이 모여 아름다운 조합, 조화, 질서를 보여준다는 것이다. 우리 선조들은 이를 일찌감치 실천했다.

(2015. 7. 2)

국민을 울리지 말라

일본으로 강제징용을 다녀온 먼 집안어른이 있었다. 나이가 들어도 멋지신 할아버지는 해방 후 돌아와 처자식을 다시 만나 사셨는데 20년 후 일본에서 아들이 찾아왔다.

어린 기억에도 청년은 아버지를 닮아 인물이 훤했는데 우리 집 안방에서 집안 아주머니들에게 무릎을 꿇고 허리를 반이나 꺾어 인사를 했었다. 일제 비누세트를 선물로 받아든 아주머니들이 수군거리던 말에 의하면 일본의 어머니는 재혼도 않고 평생 혼자 사는데 아들은 조선인이라는 멸시와 사회적 불이익으로 일찌감치 양자를 가서 성씨를 바꾸었다고 했다.

버려진 자식이지만 그래도 아버지라고 한 번 보고 싶어 바다를 건너온 청년은 한마디 한국말을 못한 채 아버지 앞에서 눈물만 쏟다가 갔다고 했다.

강제징용을 간 할아버지가 어떤 연유로 일본 여인을 보게 되었는지는 모르지만 운이 좋아 살아 돌아왔던 것이다. 많은 조선인들이 처자식을 고향땅에 남겨두고 낯선 타국 땅에서 가혹한 노역을 하다가 숨졌다.

아직도 일본, 사할린, 동남아, 남양군도 등 탄광과 군수공장, 비행장 건설, 산업시설에 강제동원 된 조선인들이 죽어서도 못 돌아오고 있다. 특히 일본 홋카이도 탄광 주변 곳곳의 사찰에는 조선인 유골보관함이 있다고 한다.

그런데 조선인 강제징용의 한이 서린 일본 산업시설들이 유네스코 세계문화유산에 등록될 예정이라고 한다. 등재가 유력한 23개 산업시설 가운데 7개가 태평양 전쟁 당시 조선인 6만여 명이 지옥 같은 고통을 받은 곳이다.

일본은 600년 막부시대 후 천황시대가 열리면서 1868년 부국강병 지침으로 메이지 유신이 시작되었다. 정부는 아낌없는 지원으로 대규모 해외사절단을 보냈고 세계에서 지식을 얻어온 이들이 일본 중공업화를 주도했다. 잠사공장, 독일식 광산공장, 영국식 군수공장을 도입하고 국영기업과 민영기업을 대대적으로 지원하며 단기간에 성과를 이루었다.

그런데 성장의 지름길로 택한 것이 조선을 침략하고 청일전쟁, 러일전쟁, 만주사변, 중일전쟁을 일으키더니 드디어 1941년 진주만 공습으로 미국과의 전쟁이었다.

이번에 규슈, 야마구치 지역 산업시설(실체는 하시마 탄광, 이곳은 한국인 강제징용자들을 감금한 채 강제노동을 시켜 죽음으로 내몬 군함도다)을 세계문화유산으로 등재신청하면서 시기를 1850~1910년으로 한정한 점이 놀랍다. 1937년 중일전쟁이후 이곳에 끌려온 식민지 조선인의 징용사실을 감추려는 것이다. 태평양 전쟁이 한창이던 시기에 가장 가동이 활발했고 지금도 사용되는 곳이 있는데도 말이다.

또한 13일에는 미나미큐슈시가 동경 외국특파원협회에서 2차대전 자살특공대의 유서 등을 세계기록 유산으로 신청하겠다며 기자회견을 했다. 가미카제는 유서를 써놓은 다음 출정하여 자신의 죽음을 제물로 삼아 다른 이들을 죽이지 않았는가.

메이지 유신 80년의 경제성장을 한순간에 잿더미로 만들었지만 20년 후 기적적인 경제성장을 이뤄낸 그들이다. 하지만 아무리 찬란한 미래가 보장된다 해도 전쟁의 참화 속에 가족을 잃고 집이 망가져 거리로 나앉고 싶은 사람은 없을 것이다. 국민을 울리는 정부는 결코 국민의 마음을 얻지 못한다.

산업시설의 세계유산 등재여부는 6월말 독일 본에서 열리는 유네스코 세계유산위원회 회의에서 최종 결정된다. 이번에야말로 한국정부의 외교력을 발휘하여 세계문화유산 등재를 막아야 하고 여의치 않으면 '조선인 강제징용'이란 진실을 반드시 기록하게 해야 한다. 우리 모두, 일본 산업시설 세계문화유산 등록반대 캠페인을 펼쳐야 하지 않겠는가.

(2015. 5. 4)

*2015년 7월 5일 결국 일본의 한국인 강제징용과 수탈의 현장이자 전쟁기지인 '군함도'는 유네스코 세계문화유산에 지정되고 말았다.

앵그리 맘

워싱턴 DC 가는 길에 볼티모어를 지나게 되는데 그곳에 다다르면 늘 생각나는 것이 스팀 크랩이다. 빨간 껍데기를 벗겨내면 뽀얀 게살이 쏘옥 나오며 달콤한 육즙에 두툼한 살이 제대로 먹는 것 같다.

볼티모어 이너 하버의 샤핑몰 안에 있는 크랩 하우스를 자주 갔는데 지금은 20대가 된 작은딸은 유모차에 타 있던 어린 아기 시절에도 새하얀 게살을 발라주면 날름날름 잘도 먹었다. 이렇게 워싱턴 DC에 갈 때면 게살 먹는 즐거움을 주던 볼티모어가 요즘 전쟁터가 되고 있다.

지난 12일 흑인청년 프레디 그레이가 경찰에 체포되는 과정에서 척추 부상을 입고 19일 사망했다. 장례식 후 경찰 폭력에 항의하면서 사법 정의를 외치던 시위대는 진압하는 경찰에 맞서 돌멩이를 들더니 드디어는 경찰차를 부수고 불을 지르고 상가 약탈을 거리낌 없이 하는 폭도로 변하며 흑인인종차별 시위란 명분이 사라지고 있다.

작년에 대규모 폭동이 벌어진 미주리주 퍼거슨시를 비롯 뉴욕, 시카고, 보스턴, 시애틀에서 동조시위가 일어나고 2일에는 다시 볼티모어에서 사법 정의를 요구하는 대규모 시위가 계획되어 있다 한다.

미국사회 최대 현안인 인종차별이란 민감한 이슈는 접근하기가 참으로 조심스럽다.

경찰 과잉대응으로 흑인청년이 숨진 것이 시위의 발단이지만 메릴랜드주 최고 공업도시였던 볼티모어의 해운・철도운수 산업이 몰락하면서 실업율과 빈민층이 늘어난 것이 그 원인 중 하나이기도 하다.

실제로 그레이가 살았던 볼티모어 서부 샌드타운 지역은 백인이 다수인 경찰과 빈곤층 흑인들 간의 오래된 갈등이 내재되어 있고 주민의 절반이 무직이라고 한다.

문제는 이곳에서 장사하는 한인들이 억울하게 피해를 본다는 점이다. 특히 폭동이 격렬했던 볼티모어 서부 먼다우민 샤핑몰 인근의 40여 개 한인상점이 피해를 보고 부상당한 한인도 있다. 미주한인들은 1992년 4・29 LA 폭동 재연을 우려하고 있다.

볼티모어 뉴스를 보다가 한 흑인 엄마가 시위에 참가한 아들을 야단치고 마구 때리며 기어코 끌고 가는 '앵그리 맘'(Angry Mom)동영상을 보게 되었다. 노란색 상의를 입은 엄마가 일부러 갖춰 입은 듯 검은색 옷에 검은 배낭을 매고 검정 마스크까지 쓴 10대 아들의 등과 머리를 손으로 후려치는 이 장면은 볼티모어 지역방송 카메라에 잡혀 미 유수 방송에 퍼지며 화제가 되었다.

토야 그레엄이이라는 이 흑인 엄마는 28일 CBS 방송과의 인터뷰에서 "내 아들이 또 하나의 프레디 그레이가 되는 것을 원치 않는다."고 말했다. 그 엄마가 "그 망할 놈의 마스크 좀 벗어." 하고 야단친 심정이 이해된다.

어려서부터 볼티모어 게살을 잘 먹던 작은아이는 지난 2014년 12월, 경찰 체포 중 숨진 흑인 에릭 가드너 연관 '정의 없이 평화 없다'는 시위에 참여했다.

"같이 행진한 사람 중에 동양인도 많고 백인도 많아. 공정한 생각을 지닌 사람들, 용기 있고 의로운 사람들이 더 많아져야 정의가 실현될 거야."

"브루클린 다리 와이어 위로 올라가려는 흑인청소년들을 경찰이 말렸다면서, 공무집행 방해가 계속되면 우발적으로 총이 나가는 거야. 학생인 너는 공부를 마친 후 어떤 영향을 끼칠 수 있는 힘을 지녔을 때 더 큰 일을 할 수 있지 않겠니?"

평소 국제앰네스티 활동에 관심 많은 아이는 다음번 시위에 가지 않았다.

흑인 지도자 마틴 루터 킹 목사는 평화적 시위로, 말콤 X는 강력한 폭력 시위로, 각자 다른 방법으로 흑인 인권운동을 전개했다. 마틴은 다른 사람들이 '미움'에 대해 이야기 할 때 '사랑'을, 세상이 '차별'을 말할 때 '공존과 평화'를 외쳤다. 볼티모어 '앵그리 맘' 동영상을 보면서 부모로서 책임이 무엇인가를 다시 생각하게 된다. 사회정의도 부르짖어야 하고, 내 아이도 챙겨야 하고, 참으로 어렵다 어려워.

(2015. 4. 30)

마라톤과 인생

지난 주말 보스턴에 갔다가 MIT 대학을 구경 했다. 기술 혁신을 선도하는 학교 이미지에 맞게 프랭크 개리가 디자인한 마리아 스타타 센터를 지나게 되었다. 현관과 창문이 튀어나온 독특한 디자인의 외관이지만 빗물이 새고 배수가 안 되어 MIT가 디자이너에게 소송을 제기했다는 건물이었다.

그 옆에 대형 성조기가 휘날리고 있는 자그마한 공간 앞을 지나게 되었다. 작년 4월 15일 발생한 보스턴 마라톤 테러 당시 테러범들이 살해한 션 콜리에 경찰관이 숨진 자리라고 한다.

보스턴 마라톤이 열린 15일 결승선 근처에서 두 차례 폭발이 일어나며 무고한 사람 3명이 죽고 260명 이상을 다치게 한 테러범들이 탈취한 차량을 타고 도주하다가 18일 오후 MIT 건물 32동에서 경찰과 총격전을 벌였고 이때 사망한 경찰이었다.

바람 불고 흐린 날씨 때문인지 건물 입구 바로 앞인데도 오가는 사람이 없었고 자그마한 기념비 양쪽으로 커다란 유리병에 든 촛대(불은 꺼져 있었다)가 놓여있었다. 겨우내 삭막하게 변해버린 나뭇가지 사이로 여러 개의 성조기가 바람에 휘날리고 있을 뿐 쓸쓸하기 짝이 없는 풍경이었다.

그의 육신은 가고 그의 이름만 차가운 기념비에 남겨져 있어 잠시 머물다가는 관광객들은 이곳에서 기념사진을 찍지만 표정이 저절로 딱딱해지는 엄숙한 자리였다.

형 타메를란 차르나예프는 18일 총격전에서 사망했고 동생 조하르 차르나예프는 부상당한 채 도망쳤다가 보스턴 교외에서 검거되어 현재 사형판결을 받은 상태다.

아무리 크고 엄청난 일이라도 시간이 지나면 사람들의 기억 속에 흐려지고 우리의 삶은 여전히 진행되는 것처럼 3월 마지막 주의 보스턴 거리에는 2014년 보스턴 마라톤 예고 깃발이 여기저기 나부끼고 있었다.

1897년 시작되어 매월 4월 셋째주 월요일에 열리는 보스턴 마라톤은 올해 118회째로 한국과도 인연이 깊다. 매년 2만 명 이상이 참가하며 관람객 수만 50만 명이 되는 이 마라톤 대회에 1947년 서윤복이 1위, 1950년 함기용, 송길윤, 최윤철이 1~3위, 2001년에는 이봉주가 우승하였고 현재는 한국에서 온 한국인, 뉴욕의 한인들이 대다수 마라톤에 참여하고 있다. 보스턴 마라톤 테러 1주기를 맞은 올해도 참가신청이 이어지고 있다 한다.

어떤 도구도 필요 없이 오직 인간의 몸뚱어리 하나만 있으면 되는 마라톤은 많은 이들이 좋아하고 쉽게 참여하고 있다. 주위에는 마라톤 마니아들이 많다. 그들은 하나같이 '인생은 마라톤이다', 또 '인생은 마라톤이 아니다'로 양분되어 말한다.

인생이나 마라톤의 공통점은 혼자서 가는 고독한 길로 남이 해줄 수 없는 길이라는 것, 하지만 마라톤은 페이스 메이커가 같이 달려주어 동반자 역할을 할 수 있다는 점에서 차이가 난다.

또 인생이나 마라톤이나 처음 출발이 좋았다고, 빨랐다고, 반드시 마지막이 그렇게 되지 않는다는 공통점이 있다. 마라톤은 룰을 위반해서는 안되며 반드시 결승점이 있고 완주는 의미가 있다. 인생 역시 계속 달려가야 하지만 정해진 코스를 반드시 따라가야 하는 것은 아니라는 점에 차이가 있다. 무엇보다도 가장 중요한 차이는 마라톤은 새로 시도할 수 있지만 인생은 다시 해볼 수 없다는 점이다.

그렇다면 우리들은 인생이란 마라톤을 어떻게 완주해야 할까. 소설가 김연수는 '실패한 자들이 마라톤을 완주하는 방법'에 대해 이렇게 말한다.

"1천 미터씩 35번쯤 달리면 누구든 벽을 만납니다. 처음 나간 대회에서 저도 그 벽을 만났습니다. 온 우주가 저 하나 완주하는 것을 막기 위해서 밀어내는 느낌이더군요. 약속했어요. 저 하나 완주하는 걸 막기 위해서 온 우주씩이나 나서다니, 포기할 수밖에요. 그 다음 몇 달 동안 다른 선수들은 어떻게 그 벽을 통과하는지 살펴봤습니다. 아무리 봐도 방법은 단 하나뿐이더군요. 그냥 뚫고 지나가는 것. 그게 제일 혁신적인 해결책입니다. 지나간 뒤에야 저는 애당

초 그런 벽이 없다는 걸 알게 됐으니까요. 그러니 멈추지 말고 계속 달려서 벽을 만나면 뚫고 지나가세요."

답이 되었을까. (2014. 4. 3)

우리가 할 일은 현재진행형

장봉재 씨가 11월 1일 사망했다고 한다. 낯익은 얼굴, 낯익은 이름이다. 그는 뉴욕이민 역사상 중요한 사건인 1990년 브루클린 한흑 분규의 중심인물이다.

그 해 1월 18일 브루클린 처치 애비뉴에 위치한 장봉재 씨의 청과상점 레드 애플에서 발생한 아이티 출신 여성 고객과의 다툼이 소송으로 가고 지역 주민들의 불매운동으로 번진 이 사건은 본인의 꿋꿋함과 한인들의 격려로 텅 빈 가게를 지키며 피 말리는 시간이 1년 반 동안 계속 되었다.

'한국으로 돌아가라'는 흑인들의 불법시위가 열리고 흑인과격 운동단체들이 참여하여 점차 규모가 커져가던 시기, 법원으로부터 폭행무혐의와 시위중지 명령이 내려졌지만 시위는 가라앉지 않았다. 가게 매상은 나날이 떨어져 신문 1면에는 '레드 애플 오늘 매상 34달러', 다음날에는 '16달러' 등으로 매일 레드 애플 현황이 소개되었다.

이민 와 청과상을 비롯 자영업을 주로 하는 한인들에게는 자신의 발등에 떨어진 불이었다. 1990년 9월 18일 '본인은 물론 가족, 걸어 다닐 수 있는 사람은 모두 다 시청 앞으로 갑시다'며 서로 전화 연락을 했고 뉴욕 시청 앞과 잔디밭 가득 구름처럼 몰려든 한인들이 평화집회를 열었다.

이 날 앞집 지하실에 사는 새댁은 6개월 된 아기를 유모차에 태우고 참여했고 옆집의 미국회사 다니는 샐러리맨은 하루 휴가를 내어 참가했다. 또 그 자리에서 고등학교 동창을 수십 년 만에 만나는 등 한인 1만여 명은 '인종화합'이란 한 목소리를 내었다.

그래서 한인보다는 흑인 입장에 선 정치인들에게 우리의 결집력을 보여주었고 당시 딘킨스 뉴욕 시장이 '시위 중단' 법원 명령을 집행하는 결단을 내리는 성과를 거두었고 시위는 종식되었다.

사건의 당사자인 장봉재 씨는 근 1년 반 동안 흑인 수백 명이 가게를 둘러싸고 위협적인 구호를 하니 가족들의 안위가 걱정되는 한편 얼마나 무섭고 두려웠을까, 맘 같아서는 당장 문을 닫고 싶었을 것이다. 하지만 흑인들의 압력으로 가게 문을 닫으면 차후 한인들은 흑인 동네에서 장사를 할 엄두를 못낼 것이고 한인들의 아메리칸 드림도 접어야 한다는 것을 그는 알았던 것이다.

사건이 종결된 후 장씨는 가게를 팔고 그곳을 떠났고 그 후 10여 년 간 사업을 했지만 크게 이루지는 못했다. 1년 반 전 발생한 백혈병으로 골수이식도 받았지만 끝내 세상을 떠난 그는 장기간 불안과 공포감 등 육체적, 정신적으로 고통 받았다고 한다.

사실 1970년대 후반부터 뉴욕 일원의 흑인 밀집지역에서 한인상인과 흑인 고객 간의 크고 작은 갈등이 불거지기 시작했다. 레드 애플 가게 사건이 전 미주로 확산될까 걱정한 한인들은 슬기롭게 이 위기를 헤쳐 나갔다.

더 이상 누가 잘못했다고 따지지 않고 평화대회를 열었고 지역 흑인사회에 장학금 주기, 블록 파티에 도네이션 하기, 연말파티에 흑인지도자 초청하기 등등 무조건 끌어안는 방침으로 타인종, 타민족 교류를 본격 시작한 것이다.

그리고 20년이 지난 지금, 레드 애플 사건을 수수방관하던 정치인을 비롯 선출직 공무원에 출마하는 정치인들이 한인사회 행사에 참여하고 한인식당에서 갈비와 김치를 먹고 한인신문과 TV에 인터뷰와 광고를 한다.

선거관리위원회에서는 한국어로 된 후보자 경력과 공약, 개헌 주민투표안에 대해 설명하는 책자를 배포하고 일부 한인밀집지역에서는 투표용지가 한글로도 명시되어 있다.

시민단체나 봉사단체들이 많이 생겼고 이들의 노력으로 인해 선출직 한인공무원이 생겨났고 한인사회 정치력이 신장되었다. 하지만 아직 멀었다.

플러싱이나 베이사이드 등 한인밀집지역을 살짝만 벗어나도 투표소에서 같은 한인을 만나기란 어렵다. 지난 5일 본 선거에 참여한 2세들은 드물었다.

더 이상 한인사회에 장봉재 씨처럼 억울한 피해자가 발생하지 않으려면 좀 더 많은 유권자, 높은 투표율이 필수다. '한인의 정치적 힘을 기르자'는 자각을 준 레드 애플 사건은 과거 속으로 흘러갔지만 우리가 할 일은 여전히 현재진행형이다.

(2013. 11. 7)

자유와 관용

9·11, 12주기가 지났다. 허리를 반쯤 꺾은 채 울던 사람, 쳐다보기만 해도 눈물이 나던 슬픈 표정의 유가족, 이 모든 기억이 과거가 되었다. 하지만 매년 9월 캘린더를 넘기면 가장 먼저 11일이란 숫자가 몸속에 박힌 가시가 되어 우리를 아프게 한다.

올해도 세계무역센터 자리인 그라운드 제로에서는 9·11희생자들을 기리는 추모행사가 열렸고 2,983명의 희생자 이름이 호명됐다. 유가족들은 희생된 아들, 딸 등 가족의 이름이 불리면 풍선이나 사진을 들고서 "당신 잊지 않고 있어요. 나, 잘 지내요." 하며 천국으로 메시지를 보냈다.

트리뷰트 인 라이트(Tribute in Light) 블루 레이저 불빛도 밤하늘 높이 솟아 희생자들을 추모했다.

버락 오바마 대통령은 펜타곤에서 열린 기념식에서 희생자를 기리며 "조부모의 기쁨을 누릴 수 있었던 부모, 자녀의 졸업을 자랑스러워 할 수 있었던 부모, 성장하고 결혼해 자녀를 가질 수 있었던 아이들, 인생의 새로운 길을 찾을 수 있었던 젊은이들, 그들이 빼앗긴 미래에 대해 아직 가슴이 아프다."고 말했다.

그들은 산 자에게는 절대 늙지 않는 당시의 나이 그 모습으로 기억되어 함께 살고 있다. 9·11로 하루아침에 삶의 터전을 잃어버린 사람, 가족을 잃어버린 사람, 후유증으로 신체적, 정신적 장애를 앓는 사람들은 아침이 오면 아침을 맞고 집안일을 하거나 또는 직장에 나갔다가 저녁이면 집으로 돌아와 식사를 하고 TV를 보다가 잠자리에 드는 일상을 반복하고 있다. 여전히 마음속에는 테러에 대한 두려움이 있지만 테러에 굴복할 수는 없는 것이다.

9·11 직후 부시 대통령은 '테러와의 전쟁'을 선언했고 이후 전쟁이 일어났고 보복 테러 위협이 계속 되면서 세월이 흘렀다.

9·11테러 이후 이슬람을 이해하기 위하여 메트로폴리탄 뮤지엄에서는 이슬람 문화전시회를 했고 출판계에는 이슬람 세계와 문화에 대한 출판물이 쏟아졌었다. 그러나 여전히 미국사회에서는 이슬람에 대한 공포증이 일종의 스트레스로 작용하고 있다. 그래서 전쟁의 고통과 두려움을 피해 미국으로 살러온 죄 없는 무슬림이 극단적 이슬람원리주의자로 취급당해 무시와 편견의 시선을 받기도 한다.

2010년 8월 3일, 뉴욕시는 그라운드 제로에서 두 블록 떨어진 파크 플레이스에 메가 모스크 건립을 승인했다.

"희생자에 대한 모욕이다."며 유가족을 비롯 공화당원, 대다수 미국인들이 모스크 건립 반대를 외쳤지만 총 1억 4천만 달러가 투입되는 모스크에 강당과 기도실, 스포츠 시설, 극장 등이 들어설 예정이라 한다.

그때 마이클 블룸버그 시장은 '종교의 자유와 문화적 관용을 세계에 보여주어야 한다. 자유와 관용이야말로 독재와 테러리스트들을 무너뜨릴 수 있는 이 시대의 정신이다'며 건립 찬성의지를 밝혔다.

뉴욕시에 60만 명의 무슬림, 100개 이상의 모스크가 있다는데 모른 척하고 살 수는 없을 것이다. 다민족으로 형성된 뉴욕은 다른 민족의 문화를 인정하고 포용해야 세계적 도시의 명성에도 걸맞다.

이번 9·11기념식에서 오바마는 이런 말도 했다.

"12년 전과는 다른 위협에 맞설 수 있는 힘을 갖고 때론 무력이 필요할지라도 무력만으로는 우리가 원하는 세계를 건설할 수 없다는 지혜를 갖자."고 당부했다.

물론 감정상으로는 절대로 용서할 수 없고 '이에는 이, 피에는 피'로 받은 대로 고스란히 돌려주어야 속이 시원하겠지만 보복은 또 다른 보복을 낳는다는 말을 먼저 기억하자.

퀸즈의 한인밀집 지역 곳곳에서 모스크를 만난다. 예배시간에 그 지역에 주차하려면 이중삼중으로 주차된 무슬림의 차 때문에 주차장을 찾기 힘들다.

기독교인, 유대인, 무슬림 등이 모여 같이 손잡고 들어가 예배를 보는 일은 성사되기 어렵지만 문화 축제마당은 열 수 있을 것이다. 각 종교의 문화 전시회나 강연회, 찬양 연주 등 문화 교류의 장을 만들어 함께 이야기하면서 이해의 폭을 넓혀야 한다.

맨해튼에 세워지는 모스크를 뉴욕시가 받아들인 것처럼 뉴요커들이 타종교 알기 운동을 펼쳐 낯선 이방인을 친절한 이웃으로 받아들이면 앞으로 기독교와 이슬람의 전쟁이나 문화 간 충돌이 좀 줄어들지 않을까.

'자유와 관용', 참 좋은 말이다. (2013. 9. 11)

필요한 세 가지

'예전부터 절에 내려오는 이야기가 있다. 제대로 수행을 하려면 스승과 도량과 도반, 세 가지의 인연이 있어야만 한다는 이야기다. 이 세 가지는 수도승뿐만 아니라 세상 사람들에게도 필요하다고 한다. 스승과 생활환경과 친구를 잘 만나야 우리는 주어진 삶을 온전히 살 수 있다. 친구 잘못 만나서 신세 망치고 스승 잘 못 두어서 엉뚱한 길로 빠지고 생활환경이 맞지 않아서 온갖 고통을 겪는 사람이 얼마나 많으냐는 것이다.'

법정스님은 우리들이 살아가는 데는 이렇게 정신적인 지주와 생활환경, 그리고 사귀는 친구가 두루 갖추어져 한다고 말했다.

미국에서 사는 우리들에게 가장 필요한 세 가지는 무엇일까.

미국에 이민 온 사람들은 성실히 일하다보면 밥은 먹고살지만 변호사, 의사, 회계사를 잘 만나야 성공적인 미국생활을 보낼 수 있다고들 했다.

눈 오는 날 집 앞이나 가게 앞에 미처 치우지 못한 눈길에 넘어진 사람들이 고소를 할 수 있고 사소한 일에도 소송으로 해결하려 드는 미국인들이 많다보니 변호사를 잘 만나야 한다는 것이다.

유산을 물려받거나 벼락보다 희귀한 확률로 된다는 복권 당첨이 된다면 당연히 변호사가 필요하겠고 자신의 크레딧이나 신분이 도용되어 심각한 피해를 입을 때도 가장 먼저 변호사를 찾게 된다. 예기치 않은 복병을 만날 수 있는 인생사에 잘 아는 변호사가 한 명 있으면 마음이 든든하다 하겠다.

또 몸이 아플 때 의사를 잘 만나야 한다. 의사를 잘 못 만나면 오진에 엉뚱한 고생을 하기도 하고 병을 키우기도 하며 그럴 때 환자나 가족들은 '세컨 오피니언이 필수야' 하며 의사 순례를 하기도 한다. 나이가 들수록 여기저기 고장 나는 데가 속출하는데 아무리 병원을 다녀도 안 낫는다면 계속 지출되는 병원비도 문제지만 그것만큼 힘든 일도 없다. 심각한 질병이 든 환자에게 실력 있고 자상한 의사를 만나는 것만큼 큰 축복도 없다. 아픈 데를 정확하게 찾아내 고쳐주면 그야말로 생명의 은인이 된다.

그리고 회계사를 잘 만나야 재정 상담과 크레딧 관리를 잘 하고 혹은 환급 받는 액수가 달라지니 이 또한 자본주의 사회에서 얼마나 중요한지 모른다. 사람들이 필수적으로 찾다보니 변호사, 의사, 회계사 이 3대 전문직이 많은 사람이 꿈꾸는 전도유망한 직업이기도 하다.

그런데 요즘 들어 회계사는 다른 직종으로 대체되고 있다 한다.

불경기로 인해 주식, 금융업에 투자하는 사람이 줄어들고 비즈니스가 잘 안되어 폐업, 실직자가 늘다보니 세금보고 할 것도 적어지고 서류가 간단해져 인터넷으로 본인이 직접 세금보고를 하는 경우가 늘어났다는 것이다.

그 자리는 자동차 매카닉으로 대체되었다고 한다.

물건을 딜리버리 하거나 직장 출퇴근 시 자동차가 필수인데다 불경기로 인해 새차 구입보다는 중고차를 고쳐 쓰는 경우가 많다보니 자동차 정비공을 잘 만나야 돈이 절약되고 미국생활도 편해진다는 것이다.

몇 년 동안 부지런히 엔진 오일을 갈아주고 관리를 잘 해왔지만 차 소리가 이상하다 싶어 정비소에 가면 여기가 나쁘다, 저기도 갈아야 한다 등등의 이유로 수백 달러는 물론 심하면 수천달러까지 수리비가 나오기도 한다.

그럴 때 '바가지 쓰는 것 아냐?' 싶어 다른 곳으로 가서 견적을 뽑아보며 싸고 정확하게 잘 고치는 정비소를 그야말로 눈에 불을 켜고 찾으려 할 것이다.

'빌빌(bill) 하고 살다 가는 미국생활'에서 변호사, 의사, 자동차 기술자 이 세 가지만 잘 알아두면 불편이 없다고 하는데 이 세 가지가 충족된다고 해서 삶이 성공하고 행복할까.

이 세 가지의 조건을 갖췄다고 해서 사람들은 만족하지 않을 것이다. 거기에는 내 생활의 편리함은 있겠지만 정이 흐르는 인간관계는 담겨있지 않다. 역시 법정스님 말씀처럼 온전한 미국생활에 필수적인 조건 중 하나는 친구라고 생각한다.

남편이나 자식은 의무이고 책임이다 보니 맘에 맞는 친구가 필요할 때가 있다. 전화로 수다 떨고 만나서 맛있는 것 먹으면서 속마음을 털어놓다보면 힘든 게 사소해지고 사는 게 재미있어진다. 미국에 오래 살수록 친구의 존재가 크게 다가온다.

(2012. 8. 9)

파리의 꽃, 뉴욕의 보석

갑자기 눈앞에 황금빛으로 빛나는 에펠탑을 배경으로 불꽃이 밤하늘에 펑펑 터지고 에디트 피아프의 샹송 '장미빛 인생'이 들리는 것 같다.

아름답고 낭만적인 파리에 한 송이 화려한 꽃이 피었다. 못살던 나라 조국 대한민국이 버린 딸이 16일 발표된 프랑수아 올랑드 프랑스 대통령의 각료 34명 중 한 명으로 중소기업·디지털 경제장관으로 임명된 것이다.

17대 17의 남녀평등 내각에 한국계 최초로 프랑스 장관이 된 그녀의 이름은 플뢰르 펠르랭(38). 플뢰르(Fleur)는 프랑스어로 '꽃'이란 뜻. 이름만 보아도 그녀의 양부모가 그녀를 꽃처럼 예뻐하고 귀하게, 기뻐하며 키운 것을 알 수 있다.

1973년 8월 29일 태어나자마자 친부모에게 서울 거리에 쓰레기처럼 버려져 고아원으로 간 김종숙. 프랑스 양부모는 6개월 된 아이를 파리로 안아와 '플뢰르'라 이름 짓고 가정의 울타리 안에서 정성껏 돌봐 화사한 꽃으로 피워냈다.

플뢰르 펠르랭은 중소기업 · 디지털 장관이니 IT강국 한국에 초고속 통신망과 기술 혁신 시스템을 둘러보러 생전 처음 한국으로 출장 올 수도 있겠다.

한국 입양관계자나 언론이 친부모를 찾아준다거나 친부모가 스스로 나섰다거나 하는 쓸데없는 일들이 일어나지 않기 바란다. '어쩔 수 없었다'며 고개 숙인 부모와 말 한마디 안 통하는 플뢰르가 마주앉는 사진은 절대 보고 싶지 않다.

"버려진 아이라는 사실이 늘 힘들었다. 좋은 양부모를 만난 것은 내게 행운이었다. 따뜻하고 큰 사랑을 준 그들은 진정한 가족이다. 친부모를 찾고 싶은 생각은 없다."

그녀의 말처럼 외모만 한국인일 뿐 행동이나 사고방식은 프랑스인 플뢰르는 한국에서 자랐다면 천덕꾸러기 같은 삶을 살았을 수도 있었을 것이다. 좋은 환경의 양부모를 만나 보호받으며 살았다고는 하나 검은 머리, 노란 얼굴, 낮은 코의 자신이 노랑머리, 파란 눈의 부모와 다르다는 것을 일찍이 눈치 챘을 것이다.

자신은 버려진 존재라는 사실에 늘 가슴 한 쪽이 서늘했을 것이고 명문학교와 엘리트 정치가의 길을 걸으려고 남보다 더 열심히 노력했을 것이다. 그리고 마침내 자신의 꿈을 이루었다. 이 모든 것은 가족의 따스한 사랑이 만들어낸 것이다.

뉴욕에 살면서 놀이동산, 그로서리, 길거리 등에서 백인 부모가 동양 아이들과 함께 있는 것을 볼 때가 종종 있다. 대부분의 한인들은 속으로만 '한국애네' 하며 멀리서 바라볼 뿐 가까이 다가가 아이에게 아는 척 하지 않는다. 부담스럽고 피하고 싶은 것이다.

그런데 최근 한국아이를 입양하는 한인가정이 늘고 있다고 한다. 입양 가정 야유회 모임도 갖고 있는 이들은 갓 돌을 넘겼거나 병을 앓고 있는 아이를 한국에서 데리고 와 치료 해주고 사랑을 주고 있다.

올 초에는 아이가 없던 가정에 축복처럼 내려진 남자아기 J의 생일파티에 간 일이 있다. 파티장은 엄마아빠의 지인들이 직접 만든 쿠키와 케이크에, 풍선과 리본으로 근사하게 꾸며졌다.

J는 넓은 파티장 안을 소리 지르며 뛰어다니고 바닥을 구르는 골목대장이 되었고 새로 맺어진 사촌형들은 어린 J를 졸졸 따라다니며 껴안아주고 뽀뽀했다. 한국에선 부모에게 외면당했으나 뉴욕에서 그 아이는 '보석'처럼 찬란하게 빛났다.

"처음엔 아이가 가까이 다가오지 않고 서 있기만 했다. 안는 것을 몰랐다. 다정하게 계속 이름을 불러주고 안아주자 나중엔 스스로 걸어와 안겼다."

공개입양을 한 가족은 그렇게 말했다.

그날, 아이를 안고 선 엄마는 신기하게도 J와 똑같이 닮아있었다. 누가 봐도 그 아이를 가슴으로가 아니라 열 달간 배 속에 품고 세상에 내놓은 엄마였다.

축하객으로서 뜻하지 않게 J의 미래를 지켜보게 되었는데, 파리에서 꽃을 피운 것처럼 J와 한인입양인들은 모두 뉴욕에서 다이아몬드처럼 귀한 존재가 될 것이라 믿는다. 사랑이 넘치는 가정이 하는 일은 무한하고도 위대하다.

(2012. 5. 14)

족발이든, 감자든

미국 중산층의 은퇴 희망연령이 80세까지 올라갔다. 완전히 늙어서 허리가 꼬부라져서도 일하겠다는 것이다. 경제 침체로 주머니 사정이 안 좋아지면서 나타난 현상이다.

16일 발표된 웰스파고 은행의 이 전화설문 조사는 연간소득 25,000~99,000 달러의 중산층 1,500명을 대상으로 실시했는데 응답자 1/4이 80세까지 일해야 한다고 답했다는 것이다. 사회보장제도에서 지급하는 혜택이 줄어들고 모기지 상환이 힘들어진 것이 중산층의 마음을 이처럼 무겁게 한 것이다.

또 미국경순찰대 최근 자료에 따르면 멕시코 불법이민자의 월경 루트인 캘리포니아 주, 애리조나 주, 뉴멕시코 주, 텍사스 주 등 4개주 국경지역이 요즘 한산하다는데 그 원인이 미국의 경제침체로 일자리가 감소한 탓이라고 한다.

미국이 왜 이리 인기가 없어졌을까? 잘 나가는 전성기의 도시에는 합법이민자든 불법이민자든 온갖 사람들이 몰려들어 복작거린다. 그곳에 먹고 살 거리가 있기 때문이다. 생의 열기가 뿜어져 나오는 도시는 미래가 있다.

시오노 나나미의 소설 「은빛 피렌체」를 읽다보면 눈에 들어오는 글귀가 있다. 16세기 전반을 무대로 주인공인 마르코가 피렌체의 아르노 강에 걸려있는 베키오 다리 위의 푸줏간 시장을 지나는 대목이다.

> 이 길을 지나갈 때면 마르코는 언제나 인간이 얼마나 필사적으로 열심히 살고 있는가를 생각하면서 감동하는 동시에 즐거워지기도 한다. 푸줏간 앞에 산더미처럼 쌓인 채 모락모락 김을 피워 올리고 있는 족발들, 큰 솥에 끓이고 있는 수프에 모여드는 수수한 차림의 아낙네들을 보면, 식사 준비에 충분한 시간을 들이지 못하는 그녀들의 바쁜 일상이 짐작되어 숙연한 기분이 들기도 하지만, 삶은 족발을 물어뜯고 이집트콩이 동동 떠있는 수프를 후루룩 거리는 광경은 상상만 해도 미소가 떠오른다.

이렇게 활기찬 푸줏간 시장은 그 이후인 16세기 말, 피렌체를 통치한 페르디난트 1세가 비위생적이라고 귀금속점으로 변화시켰고 현재 그곳은 유명한 귀금속 거리로 사람들이 붐빈다.

'언제나 인간은 얼마나 필사적으로 열심히 살고 있는지' 하는 표현이 난, 참으로 마음에 든다.

뉴욕에는 멕시코인, 하이티인, 한인 등 세계인들이 너도 나도 청운의 꿈을 품고 이주해와 건축 현장, 청과물 센터, 농장 허드렛일을 하면서 치열하게 살고 있다.

우리 주위에는 새벽 4시면 자동인형처럼 발딱 일어나 일터로 뛰어나가고 친정이나 시댁 부모에게 갓난아기를 떼어놓고 악착스레 일해 모은 종자돈으로 네일 가게를 열고 세탁소로, 델리로 업종을 바꿔가며 늘려가는 한인들이 있다.

자신의 신성한 노동으로 열심히 사는 이들은 남의 것을 부러워하지도, 탐내지도 않는다. 묵묵히 깨끗하게, 정직하게 번 돈으로 자신이 목표한 아메리칸 드림을 차근차근 달성해 나간다.

그런데 경제가 어려워지면서 거칠고 힘든 일자리마저 사라지다보니 아메리칸 드림이 퇴색해가고 다들 80세까지 일한다고 한다. 직장 잃고 모기지 체납으로 집을 차압당한 자, 병든 자, 있던 돈마저 사기 당한 한인 홈레스도 늘고 있다.

소설 이야기가 나온 김에 그림 이야기도 해보면 빈센트 반 고흐의 '감자 먹는 사람들'이란 그림이 있다. 하루의 힘든 노동을 끝내고 어두운 저녁 식탁에 둘러앉아 감자를 먹는 가족들, 남루한 살림살이지만 석유등불 아래 감자를 나눠주고 먹는 거칠고 투박한 손들, 이 얼마나 성실하고 정직한 손인가.

족발이든, 감자든, 배고픔을 면하게 해주는 먹을 것은 숭고하다. 초가집이든, 마구간이든, 추위와 바람을 피할 수 있는 하룻밤 잠자리는 눈물겹다.

인간이 인간에 의해 인간 대접을 받아야 하는 계절이다. 주위의 불우이웃에게 따스한 밥 한 끼, 하룻밤 포근한 잠자리를 제공하자. 불우이웃과 사랑을 나누자.

(2012. 12)

재스민과 트리폴리, 광주

오래전 베이사이드 집에 살 때 키 큰 재스민 화분을 하나 사다가 거실에 놓았었다. 한두 달 후 현관문을 열고 집에 들어섰는데 은은하고도 감미로운 향내가 온 집안에 진동을 했다.

그야말로 물 흐르듯 부드러운 향이 가슴에 파고들어 이 향의 진원지가 어딘가 하여 살펴보니 바로 재스민 나무에 온통 조그맣고 하얀 꽃이 화사하게 피어올라 온 집안을 향기롭게 만든 것이었다. 재스민 꽃은 피었다 지고 다시 피며 참으로 오랫동안 우리 가족을 행복하게 했었다.

그 소박하고 앙증맞게 작은 재스민 꽃다발을 들고 거리에 나온 튀니지 시민들이 무혈혁명을 이뤄내 23년 장기독재를 한 벤 알리 대통령을 권좌에서 물러나게 했다.

그래서 북아프리카 중앙부 지중해에 면한 공화국 튀니지의 국화(國花) 재스민은 민초들의 민주화 함성을 상징하는 꽃이 되었다. 이

'재스민 혁명(Jasmine revolution)'은 오랜 독재와 빈곤에 시달려온 중동 지역을 흔들고 이어 중국을 비롯 아시아권에도 스며들고 있다.

청과물 노점상 모하메드 부아지지(26)의 분신사건이 트위터와 페이스북 등 소셜 네트워크 서비스를 통해 빠르게 퍼져나간 것을 시작으로 튀니지가 일어났고 30년 독재를 휘두른 이집트 무바라크 대통령도 물러났다. 예맨도 30년간 집권해 온 알리 압둘라 살레 대통령을 퇴진하라고 2주 가까이 반정부 시위 중이다.

리비아에서는 42년째 장기집권 중인 무아마르 카다피 국가원수가 24일 현재 트리폴리시에 친위병력을 속속 집결시키고 있다. 이미 수많은 시민들이 무자비한 진압 앞에 피를 흘리고 죽어갔다.

카다피가 유전도 폭파하라 했다는 소식에 미국 금융시장은 금리 및 주가가 크게 하락하고 국제 유가는 큰 폭 상승했다. 리비아 사태가 장기간 지속되면 고품질 리비아산 원유공급이 부족 되면서 유가는 더욱 급등할 것이다. 그러면 휘발유 값이 오르고 항공요금이 인상되고 가계 소비는 위축되고 살림살이는 더욱 팍팍해질 것이다.

전운이 감도는 트리폴리시를 지켜보면서 한국민에게 가슴 아픈 이름 광주를 생각한다.

1980년 5월 18일부터 27일까지 광주시민과 전라남도민들이 쿠데타를 주도한 보안사령관과 신군부 퇴진, 계엄령 철폐를 들고 거리로 나왔었다. 처음엔 광주 폭동으로 불리다가 광주사태, 다시 5·18광주 민주화 운동, 광주 민중항쟁으로 공식 재평가를 받기까지 오랜 세월이 걸렸다.

1980년 5월 그때 우리는 무엇을 하고 있었는가. 아니 서울 시민이던 나는 무엇을 하고 있었던가. 우리들은 모두 눈멀고 귀먹고 입 다물고 아무런 생각도 할 수 없었다. 헛소문과 루머 속에 속절없이 입 봉하고 있던 우리. 그래도 한 독일 외신기자가 남몰래 촬영한 비디오가 전 세계에 5 · 18의 실상을 알렸다.

이번 재스민 혁명의 시발점도 소셜 네트워크의 공이다. 젊은 세대들은 유튜브, 페이스북, 트위터, 블로그를 적극 사용한다.

국가가 위험하다고 판단한 중앙아시아의 통제자들은 인터넷을 통제하고 폐쇄하지만 한번 재스민 향을 맡아보라. 그 이국적이고 감미로운 향을 좀체 잊지 못할 것이다. 자유의 꽃향기는 아무리 꽁꽁 싸매어도 퍼져나간다.

요즘 세계 언론은 '사라지는 독재자들- 북한도 뒤를 이을까' 하며 북한을 주시하고 있다. 북한은 극심한 식량난이 고질화되어 배고픈 인민군, 북한 군인과 주민들이 계속 탈영, 탈북 중이다.

'배고픈 데는 장사 없다'는 우리 속담이 있다. 아무리 강한 사람도 배고픈 것은 참을 수가 없고 사람이나 짐승이나 배가 고프면 화가 난다. 결국 현재의 재스민 혁명은 배가 고파서, 먹고 살기 힘들어서 터진 것 아닌가.

오바마 대통령은 23일 리비아 사태 해결을 위해서 전 세계가 한 목소리를 내는 것이 필수적이라 했다. 리비아 사태뿐 아니라 배고픈 북한을 지켜보며 우리는 어떤 목소리로 힘을 보태어야 할까.

(2011. 2. 24)

2장

우리의 보금자리, 플러싱

세계 최대의 도시라는 뉴욕에서 이민의 삶을 개척하는 한인들의 모습을 담았다. 2001년 9·11로 미국은 깊은 상처를 받았고 한인들은 생업이 위태로워졌다. 이국 땅 뉴욕에서 미국의 역사 속에 한인들의 역사도 차곡차곡 쌓여가고 있다.

더불어 살기

지난 23일 새벽 미국과 멕시코 국경에서 차로 2시간 30분 거리인 텍사스 주 샌안토니오 35번 도로변 월마트 주차장에 세워진 트레일러 안에서 끔찍한 사고가 발생했다. 냉방장치가 고장 나 폭염 속에 화덕이 된 이 트레일러 안에서 질식, 호흡곤란, 뇌손상 등으로 숨진 것으로 추정되는 8명, 이후 병원에서 치료를 받던 2명이 추가로 숨졌다.

미 당국은 이 트레일러에 200명의 이민자가 타고 있었고 주차장에서 기다리는 동안 그들 대다수가 다른 차량을 타고 사라진 것으로 보고 있다. 사망자들은 밀입국 하려다가 참사를 당한 것이다.

20세기 초 미국이 자본주의의 황금기를 구가하면서 대량생산 대량소비 시대가 도래했다. 세계 각국에서 아메리칸 드림을 찾아 몰려왔다. 원래의 아메리칸 드림은 자유, 평등, 민주주의의 이상사회를 이루려는 꿈을 말하지만 세월이 지나면서 경제적으로 성공, 자녀의 성공을 뜻하는 것으로 의미가 변했다.

미국은 월남전을 비롯한 여러 전쟁에 참여하고 실패한데다 2001년 9·11테러, 2008년 이후 경제 위기에 봉착하면서 더 이상 아메리칸 드림은 찾기 힘들어졌다. 더욱이 2017년 트럼프 대통령의 반이민행정명령과 미국 우선주의는 이민자의 물결을 멈칫거리게 하고 있다. 미국에서도 일자리를 찾기 힘들어 역이민 하는 히스패닉이 늘어난다더니 여전히 아메리칸 드림을 꿈꾸는 사람들이 있다.

아프리카나 남아시아 지역에서는 지중해 바다를 통해 유럽으로 가다가 수장되느니 미국이 난민의 자유와 일자리를 얻기가 더 수월하다며 밀입국하고 온두라스, 과테말라, 엘살바도르 등에서도 오다가 지쳐 죽거나 살해당할 위협을 무릅쓰고 국경을 넘고 있다. 이들 모두는 가난, 전쟁, 재난으로 자국에서는 아무런 희망이 없다고 한다. 그래서 브로커들은 번번이 당국의 눈을 피해 새로운 밀입국 루트를 개발하고 있다.

트레일러에서 구사일생 살아난 이들은 어디로 갔을까? 뉴욕, LA, 시카고 같은 대도시로 흩어져서 일용직으로 생계를 꾸려나갈 것이다. 뉴욕에선 히스패닉 일용직을 쉽게 볼 수 있다. 슈퍼마켓, 식당, 이삿짐센터, 건설현장, 가정부, 잔디깎기 등의 육체노동으로 번 돈을 고향의 가족에게 송금할 수 있으면 그나마 운이 좋은 편이다.

날이 춥거나 업소가 문을 닫으면 당장 하루 끼니 때우기도 힘이 든다. 일이 없으면 당장 밀입국 브로커 비용이 일인당 수천 달러이니 빚에 쪼들리기도 한다. 이들이 허드렛일이나 농장 일을 아무리 열심히 해도 어느 세월에 합법적 신분을 획득하고 대학에 입학하는 자녀를 보고 아메리칸 드림을 이뤘다고 할 것인가.

한인들이 히스패닉을 비롯 타인종 일용직과 관련되는 일이 많다. 자수성가한 한인도 많지만 근근이 그달 벌어 그달 먹고 사는 한인들도 많다. 그래도 우리 처지가 그들보다는 낫다는 생각에 같은 이민자인 이들을 돕고 있는 이들이 있다.

이삿짐 나르기, 페인트칠, 집 내부 수리 등에 타인종 일용직을 많이 쓰는데 일이 끝난 후 일당 외에 팁을 넉넉히 주는 한인이 있고 아침을 해결해주는 한인단체도 있다. 뉴욕과 뉴저지 지역의 어느 교회에서는 평일 아침, 빵과 커피의 아침을 주거나 점심제공과 함께 영어교육, 에어컨 수리 및 전기 기술, 페인트 기술 등 직업교육을 시키기도 한다.

플러싱에 갈 때면 습관적으로 노던블러바드와 파슨스 블러바드 주유소 앞을 보게 되는데 눈이 오나 비가 오나 백팩을 맨 채 서서 일거리를 기다리는 이들을 볼 수 있다. 뉴저지 잉글우드, 팰팍 지역과 퀸즈 엘름허스트 루즈벨트 애비뉴도 마찬가지이다.

몹시 추운 아침, 교회 밴들이 거리를 돌면서 이들에게 김이 오르는 수프를 나눠주는 것을 보면 눈시울이 뜨거워진다.

'이렇게 더불어 살면 되지, 뭐, 아메리칸 드림이 별 건가.'

타인종과 함께 화합하고 희망을, 꿈을 나누는 일, 이것이 오늘의 아메리칸 드림이다. (2017. 7. 28)

다리가 필요하다

뉴욕에는 다리(Bridge)가 많다. 브루클린 브리지, 조지 워싱턴 브리지, 맨해튼 브리지, 퀸즈보로 브리지, 그 외 윌리엄스 버그, 베라자노 등 바람 불고 눈비가 몰아쳐도 언제나 그 자리에 굳건히 서 있다.

수십만 대의 차량이 그 위를 지나가게 온몸을 다해 든든히 받쳐주고 있는 다리들. 뉴욕의 중심 맨해튼에 만일 다리와 터널이 없다면 그야말로 맨해튼은 그냥 보통 섬일 것이다.

뉴욕의 상징이랄 수 있는 브루클린 브리지는 고딕 양식에 아치형 쌍둥이 교각, 하늘에서 내려온 커튼처럼 줄줄이 내려진 와이어가 어찌나 멋진지 수많은 영화, 소설, 그림의 소재가 되고 있다.

1870년 공사가 시작되어 13년 만인 1883년에 완공된 이 다리는 맨해튼과 브루클린을 이어준다. 브루클린으로 전철을 타고 가서 맨해튼 방향을 보고 다리를 건너가는 워킹 코스는 한국에서 온 관광객들에게도 널리 알려져 있다.

조지 워싱턴 브리지는 뉴저지의 포트리와 뉴욕의 워싱턴 하이츠를 이어주는 다리로 허드슨 강을 가로질러 가는 지극히 남성적 기상이 넘치는 웅장함을 자랑한다.

두 개의 강철 타워가 하늘높이 솟아 로프 케이블 등 상당히 남성적이면서 우아함도 갖춘 다리로 2001년 9·11 당시 대형 성조기가 타워 위에 걸려 나부끼며 차량 운전자들에게 감명을 주었었다. 1927년 공사가 시작되어 대공황 시기를 지나 1931년 완공되었다.

베라자노 내로스 브리지는 브루클린과 스태튼 아일랜드를 연결하며 1959년 공사를 시작하여 1964년 완공된 현수교다. 매년 11월초 열리는 뉴욕시 마라톤이 시작되는 다리로 대서양을 가로질러 질주하는 마라토너의 모습이 활기찬 뉴욕을 보여준다.

그리고 퀸즈 롱아일랜드와 맨해튼 미드타운을 잇는 퀸즈보로 브리지는 9·11 당시 맨해튼 내 모든 공공교통이 마비되자 수많은 사람들이 몇 시간을 걸어와 이 다리를 건너 퀸즈로 넘어왔었다. 피난민처럼 지치고 패잔병처럼 축 처진 사람들은 다리를 건너와서는 길바닥에 지쳐 쓰러지거나 물을 찾았다.

뉴욕에 오래 살다보니 다리마다 사연이 있고 추억이 있지만 내가 사는 동네인 아스토리아 지역의 로버트 케네디 메모리얼 브리지를 이야기 해보자.

맨해튼, 브롱스, 퀸즈를 잇는 이 다리 이름은 트라이보로 브리지였으나 2008년 1월에 스피처 전 뉴욕주지사가 다리의 이름을 로버트 케네디 전 상원의원 이름을 따서 짓자고 제안, 뉴욕주 의회는 그해 6월 4일 그 제안을 통과시켰다. 마틴 루터 킹 목사와 함께 미국의 민권운동에 큰 기여를 한 로버트 케네디는 흑인과 백인, 부자와 가난한 이들을 연결시키고자 애썼다.

이 다리가 개통됨으로써 맨해튼의 부촌과 퀸즈의 중산층, 브롱스의 빈민촌이 서로 교류하며 뉴욕이 골고루 잘 사는 도시가 되는 데 기여했다. 다리는 단순하게 보로만 연결시키는 것이 아니라 대동맥이 되어 새로운 발전의 전기가 되는 것이다.

뉴욕의 수많은 다리들이 서로 오가며 발전의 계기가 되는 것만큼 사람과 사람, 한인사회가 발전하는데도 다리가 중요한 역할을 한다.

멀고 먼 남남, 견원지간, 소 닭 보듯 무관심한 사이에 서로 소통할 수 있는 다리가 필요하다. 서로 먼저 조금씩 다가가다 보면 어느새 중간지점에서 하나가 되는 다리를 만들 수 있을 것이다.

시작이 어렵지, 과정은 의외로 힘들지 않다. 조금씩 물러서고 이해하는 관용이 필요하다. 좀 시간이 걸리더라도 서로 다가서려 노력한다면 어느새 마음과 마음이 오가는 훌륭한 다리를 만들 수 있다.

그래야 막혔던 곳에 피가 돌고 윤활유를 친 것처럼 모든 신진대사가 원활하게 이뤄지며 어려웠던 일들이 술술 풀려간다. 요즘 세태를 보면서 사람과 사람 사이에도 다리가 필요하다는 것을 느낀다.

(2015. 3. 26)

밥을 벌자

오늘은 음력으로 1월 1일 우리 고유의 명절 설날이다.

지난달 27일 뉴욕타임스는 한국 설 명절 선물로 '스팸'이 인기라고 대서특필했다. 이 스팸과 김치를 넣어 만든 부대찌개의 유래를 설명하면서 주한미군이 축소되고 대학생들의 반미시위가 확산돼도 스팸의 인기는 높고 PX상품에 대한 한국의 사랑은 지금까지 지속되고 있다고 보도했다.

미국 저소득층이 먹는 정크 푸드 스팸이 최고급 수입와인, 자연산 버섯, 정육세트와 함께 한국의 명절 선물로 나란히 팔리고 있다는 것이었다.

유기농 식품을 찾고 고급 외식문화에 길들여지고 몸만들기에 여념 없는 한국민들이 왜 스팸은 먹는가. 햄의 짭짤한 맛, 김치의 매운 맛, 라면까지 넣어 만든 부대찌개도 좋아한다는데 설마 맵고 짠 것이 건강에 나쁘다는 것을 모르지 않겠지.

스팸은 돼지고기의 넓적다리 살을 훈연한 햄을 깡통에 담은 것으로 1937년 미국 미네소타 식품업체 호멜푸즈에서 처음 생산했다. 얼마나 무차별적으로 대량 광고를 했는지 인터넷 세상에서 무차별적으로 쏟아지는 메일에 스팸이란 말이 붙었다고 한다.

부대(部隊)찌개는 말 그대로 군대의 찌개다. 한국 전쟁이 끝나고 폐허 위에 겨우 살아남은 이들에게 심한 굶주림은 공포였다. 기아에 시달리던 사람들은 의정부나 송탄의 미군 부대에서 흘러나온 핫도그, 스팸 등에 고추장과 김치를 넣어 한국식 찌개를 끓여냈다.

한입이라도 더 먹으려고 양배추, 양파도 넣고 하여 푸짐하게 양을 늘인 이 찌개는 고기가 부족하던 시절, 부자나라에서 온 '부와 영양'을 먹는 것 같은 기분도 들었을 것이다. 이 고기 중에는 미군들이 먹다 남긴 반찬, 몰래 빼돌린 보급품도 섞여있었다.

부대찌개의 유래는 참으로 감추고 싶은 역사다. 하지만 서민들이 잘 먹고 좋아하는 음식이라 의정부에는 부대찌개 거리에서 부대찌개 축제도 열린다고 한다. 아마 한국민들은 못살던 시절의 향수를 먹고 있는 것이 아닌가 싶다. 고난의 시대를 잘 이겨내 지금 잘살아도, 못살던 그 시절을 결코 잊지 말자는 것 말이다.

옛날을 추억한다는 것은 지금은 살만하다는 것이다. 먹고살기에 허덕이면 언제 그런 시간과 여유가 있는가. 그러고 보면 뉴욕에 사는 한인들이 명절 선물로 스팸 세트를 주었다든가, 받았다는 말은 들어본 적이 없다. 아마 선물이 아니라 욕이 될 것이다.

한인상가에서 몇 년간 장사를 잘 하던 식당이 치솟는 렌트에 문을 닫고 수시로 날아드는 티켓에 질려 맨해튼 델리 문을 닫고 이제, 어떻게 먹고사나 막막하다는 사람들, 나이가 들수록 먹고 산다는 것 만큼 삶에서 중요한 게 없다고들 한다.

얼마 전 작가 김훈의 '발벌이의 지겨움'이란 제목을 보고 단숨에 그 책을 읽어 내려간 적이 있다. 인조의 피난을 다룬 소설 '남한산성'과 이순신 장군의 내면을 다룬 소설 '칼'로 베스트셀러 작가인 그가 인세가 엄청날 텐데 왜 밥벌이를 위해 그리 애썼나 궁금했다. 얼른 뒷장을 보니 초판이 10년도 전에 나온 책이다. 아마 그때는 생업에 종사하느라 글도 제대로 못쓰고 가난 했을 수 있겠다 싶었다.

그 속에 이런 내용이 있다.

'전기밥통 속에 밥이 익어가는 그 평화롭고 비린 향기에 나는 한평생 목이 메었다. 이 비애가 가족들을 한 울타리 안으로 불러 모으고 사람들을 거리로 내몰아 밥을 벌게 한다. 밥에는 대책이 없다. 한두 끼를 먹어서 되는 일이 아니라, 죽는 날까지 때가 되면 반드시 먹어야 한다. 이것이 밥이다. 이것이 진저리나는 밥이라는 것이다.'

그러면서 작가는 '제발 이제는 좀 쉬라고 말해 달라, 이미 곤죽이 되도록 열심히 했다. 나는 밥벌이를 지겨워하는 모든 사람들의 친구가 되고 싶다. 또다시 각자 핸드폰을 차고 거리로 나가서 꾸역꾸역 발을 벌자. 무슨 도리 있겠는가, 아무 도리 없다'고 결론을 내렸다.

미국에 사는 한인들이여, 별 도리 있겠는가. 전기밥솥에서 풍기는 냄새가 얼마나 좋은 가, 이 밥을 벌기 위해 설날에도 열심히 나와 일하는데, 오늘 아침 떡국은 드셨는지요! (2014. 1. 29)

아메리칸 드림, 복권 드림

6월초에 한인들도 자주 가는 대형할인점 코스트코의 롱아일랜드 멜빌 지역 매장의 20명 직원이 하루아침에 천만장자가 되었다. 2억 달러 파워볼 복권 행운의 주인공들은 당첨 복권이 나온 문구점에서 최소 10달러 이상의 복권을 정기적으로 구입해 온 것으로 알려졌다.

이번 당첨 복권 금액은 2억 2백만 달러이며 20명이 공동분배하면 일인당 1천만 달러(세금 별도)씩 배당된다고 한다.

얼마 전에도 롱아일랜드에 거주하는 한 60대 여성이 신을 믿지 않는 아들의 복권당첨 기도 덕분에 실제로 100만 달러 복권에 당첨되어 화제가 된 적이 있다.

모자가 함께 아틀랜틱 카지노를 찾았을 때 아들이 "신이 있다면 어머니가 백만 달러를 갖게 해달라."고 즉흥 기도를 한 다음날 자선 경매 현장에서 구입한 복권이 당첨된 것이다.

100만 달러의 거금을 손에 쥔 20대 아들은 "신이 기적을 보여줬다."고 기쁨의 눈물을 흘렸다고 한다. 어머니는 세금을 제한 당첨금을 연간 3만 3,000달러씩 20년간 지급받는다. 이 아들은 교회에 나갈까?

총 6개의 번호를 맞추어야 하는 메가밀리언 복권의 경우 당첨확률은 보통 1억 7,597만분의 1이라고 한다. 그야말로 복권은 당첨 안 되는 것이라 생각하면 된다.

그래도 일확천금을 향한 사람들의 행운에 대한 기대는 버릴 수 없어 1등 당첨자가 연속 나오지 않아 당첨금 액수가 수천 억 달러로 올라가면 전국적으로 복권 구입 열풍이 분다.

우리 사무실에서도 그런 날은 단체로 복권 구입을 하는데 역시나 늘 꽝이다. 그래도 외근 중인 직원이 있으면 먼저 돈을 내고 사주는 의리가 있다. 외근자는 당첨이 안 되었어도 돈을 내 준 직원에게 복권 값을 준다. "나 없이 당첨 되었어봐, 나 배 아파 못살아." 하면서….

복권 열풍이 불면 다들 잠시 꿈을 꾼다.

1천만 달러로 뭘 할까? 직장 그만 두고 놀아? 아니지 그러면 소문 나, 여기저기서 도와달라고 할 텐데, 당분간 조용히 죽은 듯 지내야지, 집과 차 모기지부터 갚고, 크레딧 카드 빚 갚고, 해외여행 갈까? 집부터 사야지, 신세 진 이들한테도 좀 나눠주고… 다들 돈 쓸 궁리가 바쁘다.

한국에 살 때 늘 라디오에서 흘러나오던 노래가 있다.

"만약에 백만 원이 생긴다면은/ 백금의 보석 반지 하나 살 테야/

그리고 텔레비도 한 대 사놓지/ 그거 참 좋아요. 너무 좋아 말아라/ 아서라 백만 원에 헛꿈 꾸다가/ 다 썩은 라디오가 하품을 하겠네/ 만약에 백만 원이 생긴다면은…(원곡은 1930년대 김정구·장세정이 불렀고 1960년대 여러 듀엣이 다른 버전으로 불렀다.)

사실 가사는 생각 안 나고 '만약에 백만 원이 생긴다면은…' 하고 반복되던 구절만 기억난다.

1960~70년대에 귀에 못이 박히도록 들은 '백만 원'으로 보석반지, TV, 그랜드 피아노, 자가용 등을 살 수 있었다. 1930년대에 집 한 채 가격이 500원 정도였다니 100만원은 거금이었다.

청운의 아메리칸 드림을 안고 미국에 와서 밤잠도 제대로 못자고 고생했건만 장기적 불경기로 비즈니스가 안 되어 고생하는 한인들이 많다. 투잡, 트리 잡 뛰며 일해 근근이 먹고 사는 사람들은 스스럼없이 말한다.

"우리 같은 주급장이한테는 복권 밖에 없어. 내 아메리칸 드림은 복권 드림이야."

정녕, 그런가? 그렇다 해도 너무 빠지지는 말자. 그리고 꿈은 깨고 나면 더 허탈해진다. (2014. 6)

치기와 이기심

초강력 허리케인 샌디가 미동부 일대를 휘젓고 간 후폭풍이 출근길 교통대란으로 이어지고 있다. 며칠째 신문사 옆에 위치한 퀸즈보로 브리지는 걸어서 다리를 건너는 사람들로 만원이다.

평소 30분 거리가 4시간 걸리는 곳도 있다 보니 사람들은 다리를 건너서 맨해튼으로, 퀸즈로 일하러 간다. 버스와 일부 개통된 전철은 승차료를 받지 않는 일도 생겼다. 전기가 안 들어오는 주유소는 문을 닫았고 영업 중인 주유소는 가스를 넣으려는 차들로 장사진을 이루고 있다. 그나마 가스도 동이 나고 있다.

전기가 나가고 물이 끊어진 곳이 부지기수다보니 신문사로 들어올 원고도, 전화도, 팩스도 안 되는 곳이 많다. 급히 연락할 곳이 있어 그저께는 편지를 부쳐야 했다.

뿐인가, 로어 맨해튼에 있는 대학 기숙사에 있던 작은아이는 전기와 물이 끊겨 식사도, 샤워도 못하다가 룸메이트와 함께 집으로 피신, 우리 집은 3일째 피난민 수용소가 되었다.

허리케인이 지나간 지 며칠이 지나도 침수된 집에 못들어 가고 전기가 복구되지 않은 가구가 많아 생활에 불편을 호소하는 사람들이 많다. 이렇듯 모두가 천연재해를 당해 혼란스러운데 치기와 이기심이 넘치는 사람들이 있다.

허리케인이 한창인 시각, 마이클 블룸버그 뉴욕시장을 비롯 크리스 크리스티 뉴저지 주지사, 911구호센터에서는 개개인의 셀폰과 TV뉴스를 통해 누누이 당부했다. 강풍으로 위험한 물체가 날아다니고 땅바닥에 떨어진 전깃줄과 쓰러진 나무 등으로 위험하니 외출을 삼가고 자동차 운전을 하지 말고 집에 안전하게 있으라고 계속 말했다. 서핑도 하지 말 것을 강조했다. 그런데 이 긴급 상황에 꼭 일을 더 크게, 구호팀의 아까운 힘을 속절없이 쓰게 만드는 자들이 있다.

롱아일랜드 라커웨이 비치 지역 경찰들은 해변가 주민들에게 태풍이 불어오기 전에 피난을 가라고 경고했음에도 피난 안 간 사람들이 80%였다고 한다. TV중계차가 보도블록을 넘어오는 바닷물과 기록적으로 높은 파도가 치는 현장을 취재하는 카메라 속에 동네사람들이 십여 명 나와 밀려오는 물살을 구경하고 있었다.

방송 중인 아나운서도 강한 물살에 쓰러지고 바람에 모자가 날리는데 그 옆에서 히히 웃으면서 구경하는 이들은 도대체 어떤 사람들인가.

코니 아일랜드 해변가에도 바람 부는 바닷에 구경꾼들이 제법 있었다. 개는 물론 어린아이까지 데리고 산책하는 사람들도 있다. 맨해튼에도 전기가 나가고 물이 끊어지고 차량이 없는 도로를 '다닐만

하다'며 몰려다니는 젊은 아이들이 있었다. 강풍으로 인해 머리 위로 건축 구조물이 떨어질 상황인데도 그저 평소 복잡한 도로가 텅 빈 것이 신기하다 한다.

더욱 황당한 것은 태풍이 온 강에서 파도를 타는 사람이었다. 아무리 서핑 하는 사람들은 높은 파도를 즐길 수 있는 태풍이 오면 흥분한다지만 이번에는 너무 지나쳤다.

그들 눈과 마음에는 집이 물에 잠겨 맨몸으로 빠져나와 셸터에서 추위와 공포에 찌든 피난민들은 보이지 않나보다. 그러다가 사고가 나면 일손이 달리는 구호대 손길을 빌릴 것이 아닌가. 구조대원들은 목숨 걸고 들어가 조난당한 이들을 구해내야 하고 그 시간과 비용은 어마어마할 것이다. 만일의 경우 자연환경과 모험을 즐긴다는 한 사람의 이기적인 행동 때문에 여러 사람이 다칠 수 있다. 어린애도 아니면서 유치하고 철없는 감정이나 기분에 휩싸여 있을 때가 아니지 않은가.

또한 재난상황을 틈타 바가지 상술을 일삼고 있는 상인들이 있다한다. 식료품과 물, 가스 등 생활필수품, 그외 발전기와 각종 건전지, 손전등 등의 가격을 올려 폭리를 취한다니 이는 명백한 불법 행위기도 하다. 인간의 힘으로 어쩔 수 없는 천연재해시에는 다들 자연 앞에서 겸손해지고 가진 것을 나누어야 함을 잊어서는 안 된다.

그리고 재난 상황본부에서 지시하는 대로 집에서 안전하게 머물며 빈대떡에 호떡 부치고 라면 끓여먹으며 평소 재미있어 하는 비디오를 보면 된다. 만일 전기가 나갔다면 그동안 밀린 잠이나 실컷 자든지, 그것이 다른 사람 폐 안 끼치고 조용히 누군가를 도와주는 일이다. (2012. 11)

응어리를 풀고 살자

지난 2일 캘리포니아주 오클랜드시 오이코스 신학대학에서 총기난사로 7명을 숨지게 한 혐의로 한인 고수남씨가 체포되었다. 한인이란 말에 가슴이 내려앉는다.

한 친구는 9·11 이후 이슬람 사람을 보면 멀리 피해가던 뉴요커들이 한인 하면 총기난사범 이미지를 먼저 떠올리지 않을까 걱정된다고 한다. 한인들은 2007년 버지니아 공대에서 총기난사 한 한인 조승희 사건에서 자유로울 수 없기 때문이다.

미국사회가 개인의 범죄를 소수인종이나 민족 집단 전체로 확대 연관시키지 않고 한인사회도 굳이 자책감을 느낄 필요는 없지만 그래도 타인종이라면 무관심할 수도 있지만 한인이라면 우리 일이 된다.

화를 다스리지 못해 엄청난 사건을 저지른 본인도 불쌍하지만 아무 죄 없이 죽은 희생자들의 사연이 딱하기 이를 데 없다. 어렵게 이민 와서 간호사라는 안정된 직업을 얻기 위해 낮에는 일하고 밤에는 공부하며 열심히 아메리칸 드림을 일궈가던 이들이었다.

미국에 이민 올 때는 다들 비행기 속에서 부푼 가슴으로 화려한 미래를 설계하며 왔을 것이다. 소아과의사, 전문직 간호사 등 어느 누구도 구만리 같은 앞날이 이렇게 무너질 것이라 짐작 못했을 것이다.

이 사건의 용의자처럼 가족을 연이어 잃고 이혼을 했거나 경제난에 시달리는 한인들이 많다. 아무리 발버둥을 치며 살아도 먹고 살기 어렵다보면 나는 왜 이렇게 살아야 하나 싶어 뭔가 억울한 생각이 들고 누가 그런 자신을 무시하면 화가 나고 분해서 응어리가 쌓여갈 것이다.

자신의 화를 삭이지 못해 응어리가 오래 쌓이면 울화병, 즉 화병으로 나타나기도 한다.

수필가 이규태는 한국인의 '응어리병'에 대해 "사람의 몸은 기와 피와 살이 맥락 조화되어 이루어졌다고 우리 선조들은 생각했다. 한데 그것이 조화돼 흐르지 않고 맺히면 기체, 혈체, 육체로 병이 생긴다. 이 흐르지 않고 맺히는 체를 응어리라고 했다. 기가 충만해서 탈출구를 못 찾을 때 '기가 차다'고 하고 기의 유통이 단절됐을 때 '기가 막히다'고 하듯이 무형의 기가 외적인 스트레스 때문에 맺혀 있을 때 응어리라고 한다. 이 응어리가 오래 풀리지 않으면 한이 되고 이 한이 사무치고 공감대를 형성하면 원이 되었던 것이다."고 말했다.

언어장애, 외로움, 경제적 어려움 등 미국에 사는 우리들에게는 이민 스트레스라는 것이 있다. 이런 스트레스들이 쌓이다가 어떤 계기를 만나면 폭발하게 된다.

소심하며 평소 온건한 성격의 사람이 어느 날 화가 폭발하면 이런 엄청난 사건을 저지르는 빈도수가 많다고 한다.

그러고 보면 평소 벌컥 화를 잘 내는 사람이 나름대로 응어리를 해소하고 살기 때문이라 큰 위험이 없다는 말도 되겠다. 그러니 남편이나 아내나 주위에서 성을 잘 내는 사람이 있으면 "어, 저 사람 지금 응어리를 푸는 중이구나." 하고 이해하면 같이 화를 낼 일도 기분 나쁠 일도 없다.

평소 말이 많은 사람이라도 그 역시 "수다로 응어리를 풀고 있구나." 하면 주책없다거나 빅 마우스라고 흉볼 일도 없다.

다음은 인터넷에서 읽은 글이다.

"모난 마음으로 세상을 사는 사람은 모난 숟가락으로 밥을 먹는 것과 같다. 참 불편하다. 비뚤어진 마음으로 세상을 사는 사람은 비뚤어진 젓가락으로 음식을 집는 것과 같다, 참 불편하다."

상대가 미워지면 생각을 반대로 바꿔보고 기분이 가라앉으려 하면 스스로 끌어올리자. 그것은 이 세상에 단 하나뿐인 자신을 소중히 여기는 것이다. 사람들은, 심지어 성격이 어두운 사람조차 어둡고 부정적인 사람보다는 긍정적이고 밝은 사람 옆에 서고 싶어 한다.

남에게 기대지 않고 스스로 응어리를 해소하려면 자신만의 비법 한두 가지는 갖고 있어야 한다. 자신이 가장 좋아하는 일, 음식, 놀이, 친구를 찾아보자, 그것이 미국에서, 세상을, 잘 사는 법이다.

(2012. 4. 15)

주류사회란?

얼마 전 한 독자가 "신문에 수시로 나오는 주류사회란 말이 정확히 무엇입니까?" 하고 물어왔다.

한인모임에서 초청연사의 연설 또는 방송이나 신문 기사에서 '우리는 주류사회로 들어가야 한다', '미 주류사회가 인정하는', '미 주류사회에 자리잡음으로써 아메리칸 드림에 성공했다'는 등의 문구가 수시로 등장하는데 들을 때마다 거부감이 든다는 것이다.

주류사회, 영어로는 메인 스트림(main-Stream)으로 말 그대로 주체, 대세를 말한다. 즉 우리의 삶을, 역사의 흐름을 끌고 가는 자가 되어야 하는 것이다.

물론 이 주류사회가 무엇인지에 대한 정답은 나와 있다.

한인 이민 역사가 이제 막 100년이 지났지만 그동안 양적으로는 엄청난 숫자가 미국 땅을 밟았으나 질적으로 성장하기 위해서는 미 주류사회에 참여해야 한다고 한다. 그 방법으로 시민권자인 동포들이 유권자 등록을 하여 미국 정치에 적극 참여해야 하고 한인 정치인을 배출하여 우리의 목소리를 높이는 등 정치적 신장력을 길러야 한다는 것이다.

정치 교육 문화 등 미 주류사회에 한인들이 두각을 나타내고 각종 타인종과의 모임에 참여해야 하지만 주류사회에 들어가는 가장 빠른 방법으로 미 정계 진출을 들 수 있다고도 한다.

한인 정치인이 되기 어렵다면 미 정치인과 교류를 나누고 그들을 후원하는 기금 모금 파티에 나가라고 한다. 말과 문화가 통한다고 해서 한인들끼리만 뭉쳐있으면 그냥 현실에 안주할 뿐 더 이상 발전이 없고 미 주류사회와 점점 멀어지게 되므로 지역사회 봉사활동, 소수민족 잔치에도 참여하여 타인종과도 교류해야 한다. 그래야 이민자들이 미 주류사회에 깊숙이 들어가는 것이라고 한다.

그런데 모든 사람이 다 알고 있는 이 정답이 우리에게 선뜻 다가오지 않는다. 정치라면 듣고 싶지 않아도 귀에 들리는 한국 정계 소식만도 신물이 나는데 미 정계까지 손이 쉽게 뻗어지지 않으며 미국 속으로 들어가라고 하는데 우리는 이미 미국 속에 들어가 살고 있지 않은가 싶다.

매일 집 우편물을 배달해 주는 중국인 우체부와 우리 집 뜰을 자꾸 침범하는 고양이의 주인인 백인 할머니와 또 슈퍼마켓에 가서 잘못 사온 그로서리 용품을 바꾸면서 히스패닉 종업원과 교류하고 있지 않은가 말이다.

그리고 내가 하는 세탁소에서 손님들의 옷에 묻은 얼룩을 지워주면서, 오늘밤 파티에 가는 백인 여성의 손톱 발톱을 아름답게 치장하면서, 월스트릿으로 출근하는 샐러리맨의 점심 샌드위치를 싸주며 그가 지난 주말 무엇을 했는지, 자녀는 이번에 어느 대학에 가는지를 물으면서 우리는 살고 있지 않은가. 내가 지닌 깔끔하고 세밀한 손재주로 고객을 즐겁게 하고 멀리 내다보면 고객의 이익이 국익과 연결되는 일을 하면서 말이다.

미 주류사회의 가장 중요한 가치인 다양성 속의 화합을 지금 실천하고 있는데 더 이상 어떤 주류사회에 들어가란 말인지.

사람들은 다 알고 있는 그 정답은 일반 한인들이 쉽게 다가갈 수 있는 자리도 아니고 또 설사 미 방송국의 앵커나 법원의 판사나 변호사, 종합병원 의사가 되었다고 해서 갑자기 주류사회 상류인사라고 할 수도 없다. 그저 다민족 사회로 구성된 미국의 언론이나 법조계의 한 구성원이 되었을 뿐이다.

그런데 주류사회란 말이 자꾸 우리를 주눅 들게 한다. 여기가 아닌 딴 세상이 있을 것 같은. 아무리 성공해도 우리는 한민족의 자손임을 잊지 않을 것이고 그렇다면 더 이상 주류사회란 말에 스트레스 받지 말자. 마음에 맞고 배짱이 맞는 사람들과 교류하며 열심히 살자.

이민생활을 성실히 하고 있는 나, 어떤 일터에서든 땀 흘리며 일하고 있는 당신은 이미 미 주류사회 구성원이다. 내가 사는 이곳이 이미 주류사회인 것이다.

다만 더욱 성숙되고 발전된 소수 민족 사회로 성장하는 것이 우리의 몫일 것이다. (2004. 7. 22)

커피 한 잔

한국에 커피가 들어온 시기는 100년 전쯤이다.

1890년경 고종황제는 러시아 공사가 권한 커피를 즐겨 마셨고 이어 일본인들이 서양식 다방을 개점하면서 커피문화가 시작되었으며 본격적으로는 1970년대에 국내 커피메이커가 설립되면서 전파되었다.

인스턴트커피에 설탕과 크림을 듬뿍 탄, 70년대 대학가의 명물인 다방커피를 기억하는 한인들이 많을 것이다. 또 달걀노른자 한 알을 띄운 모닝커피도. 지금이라면 고콜레스테롤 음료라고 절대 마시지 않겠지만 그때는 그것이 일반 커피보다 가격이 비쌌다.

각종 다양한 커피 전문점이 성시를 이룬 한국에 살다가 막 미국에 왔다면 엷게 뽑아서 컵에 가득 따라 마시는 아메리칸 커피는 싱거워서 못 마실 것이다. 그러나 살다보면 고기를 잔뜩 먹었을 때, 아침에 일을 시작하기 전 '커피 한 잔'으로 그것이 또 입맛에 맞는 것을 체득하게 된다.

커피 이야기를 왜 이리 지루하게 했냐하면 요즘 서류 미비자들, 다르게 표현하면 불법체류자 신분이 적발되어 국외 추방을 당하거나 이민국에 체포되는 등 신분 때문에 곤욕 당하는 한인들이 남의 일 같지 않기 때문이다.

미국 온 지 얼마 안 된 1990년 초반 신문사 식당에서 커피를 따라 마시는데 설탕은 넣지 않고 프림만 한 스푼 넣고 마시니 옆에 서 있던 동료가 "영주권자시구만. 나는 학생으로 와서 아직 아무것도 없어서." 하더니 설탕과 프림을 잔뜩 넣어 커피를 마시는 것이다.

다른 동료가 와서 블랙으로 커피를 마시자 "이쪽은 시민권자시네." 했다.

크림이나 설탕 중 한 가지만 넣으면 영주권자 커피, 크림과 설탕을 모두 넣으면 불법체류자 커피라는 이 말은 커피 마시는 습관으로 미국 온 지 얼마 되었는지 알 수 있다는 뜻으로 당시 미국사회에 유행되는 유머였던 것.

그런데 이 유머가 얼마 있다가 사라진 이유가 시민권자들도 칼슘 보충을 위해 커피에 우유를 넣어 마시기 시작하면서, 또 불법체류자들도 시민권자인 척하느라 블랙으로 마시기 시작하면서였다고 한다.

커피 취향으로 신분을 구별할 정도로 신분 문제는 어제나 지금이나 이민의 핫이슈인 것이다. 미국에 불법체류자들이 700만~1,300만 명 정도이고 이 중 한인들도 만만치 않은 숫자를 차지하고 있을 것으로 추산된다.

최근 불법체류 사실이 드러날까 두려워 제대로 된 병원 치료를 못 받고 숨진 문철선씨 유가족을 돕고자 본보에 성금을 기탁하는 독자들에게서 동병상련(同病相憐) 심정을 보았다.

'뉴욕주내 이민자들은 체류신분이나 의료비 납부 능력과 상관없이 미국 시민과 동등한 응급치료를 받을 수 있다', '대학입학 시에도 일정조건만 충족시키면 소셜넘버 없이도 거주자와 같은 조건으로 장학금이나 보조금을 신청할 수 있다'고 옆에서 아무리 말을 해주어도 내 손에 그린카드가 쥐어있지 않으면 선뜻 병원이나 학교 문턱을 넘기 어렵다.

사실, 신분 문제는 '저 사람이 어떻게 미국에 왔지' 다 알고 있으면서도 입에 올려서는 안 되는 금기 부문 아닌가. 우리는 이웃과 정을 나눌 때 먼저 그 사람의 신분을 묻고 사귀지 않으며 사랑을 시작할 때 그래 너는 시민권자니? 영주권자? 불법체류자니? 묻고 시작하지 않는다. 미리 묻고 시작했다면 그 사랑은 오래 가지 않으며 우정은 거짓이 될 것이다.

남들이 하기 싫은 더럽고 어렵고 위험한 일들을 하는 사람 중에는 한국의 IMF 이후 파산한 가정경제를 일궈보겠다고 밀입국한 가장도 있고 외롭고 힘들게 살며 한국의 노모를 부양하거나 자녀 학비를 대고 있는 부모도 있을 것이다. 서류미비자들의 구구절절한 사연을 들으면 누구나 자신이 이민국장이라면 영주권을 주고 싶을 것이다.

건설현장, 야채창고, 정원이나 쓰레기 처리장 등에서 일하는 많은 서류미비자들도 엄연히 하나의 사회 구성원이다.

이는 불법체류자들에 대한 선부른 동정심이 아니며, 그저 좀 더 폭넓게 동서고금을 통틀어 하나의 사회와 국가의 인적 요소로서 합법이민자도 있고 불법체류자도 있다는 것을 받아들이자는 것이다.

11월 대통령 선거의 당선자로부터 장기간 체류해온 서류미비자들에게 어떤 형태로든 광범위한 합법 프로그램이 나오길 기대해본다.

(2004. 7. 15)

잃은 것과 얻은 것

월드 트레이드 센터 참사 현장의 통행 통제가 다소 풀린 날, 그곳에 갔었다.

사고가 난 지 40일이나 지났지만 현장은 아직 타는 연기와 먼지가 자욱했고 어떤 빌딩에서는 먼지를 씻어내는 청소를 하느라 아직도 물방울이 행인의 머리 위로 뚝뚝 떨어지고 있었다.

대형 성조기가 빌딩 전면을 뒤덮은 증권거래소 건물을 비롯, 인근 빌딩들은 월드 트레이드 센터가 주저앉으면서 날아온 파편과 시커먼 재를 닦아내는 빌딩 벽 청소를 몇 번이나 했다고 하나 손이 채 못 미친 주차장에는 비가 몇 번 지나갔음에도 시커먼 먼지가 보였다.

아스팔트 위의 흙먼지는 다 닦여지지 않아서 흙이 그대로 울퉁불퉁하게 밟혔다. 낫소 스트릿에서 비즈니스를 하는 한 한인은 카메라를 들고 몰려든 관광객들 때문에 오가는 인구는 사고 전보다 더 많아졌지만 실질적인 소비자는 아니라고 한다.

시커먼 쓰레기 비닐봉지 더미가 현장 옆에 쌓여있고 경찰 가이드라인 밖에서는 근처 빌딩에서 일하는 와이셔츠 차림의 신사들이 담배를 피면서 망연자실한 표정으로 구조 현장을 지켜보고 있었다. 그들이나 관광객이나 아무 말도, 아무 동작도 못하고 그저 서 있을 뿐이었다.

한 친구가 있다.

83년 임신 중인 몸으로 혼자 이민 와서 아기를 베이비시터에게 맡기고 생선가게 허드렛일부터 시작하여 델리 캐셔를 거쳐 10년 전에야 월스트릿 직장여성을 상대로 번듯한 옷가게를 열었다.

3년 전 재혼하여 생활에 안정을 찾고 부부가 열심히 장사를 하던 차에 이번 사고로 그야말로 그동안 이룬 아메리칸 드림이 하늘로 날아갈 위기에 처하게 되었다.

그런데 사고 3일전 대학 기숙사에 들어간 외동딸이 자신이 살아온, 참사 현장 바로 옆 아파트의 무참한 상태를 바라보고는 "쳐다보기만 해도 눈물이 나네." 하더니 학교로 돌아가 "놀만큼 놀았으니 이제부터 장학금 탈 수 있게 공부만 하겠다."는 전화를 해왔다고 한다.

남들보다 몇 갑절 호되게 10대를 지내며 엄마의 속을 무던히도 썩이던 딸이 의젓하게 철든 말을 하니 그녀는 잃은 것이 무엇인지, 얻은 것은 무엇인지 따질 수가 없더라는 것이다.

또 참사 현장 바로 근처 월드 파이낸셜 빌딩 로펌에서 일하던 후배 변호사는 아직도 제 빌딩으로 못 돌아가고 타임스퀘어에 있는 호텔 방 하나에 4명씩 들어가 일을 하고 있다. 산만한 환경에 불편한 피난민 생활을 하고 있지만 사고 당일 못 갖고 온 차를 경찰이 브루클린 지역으로 가져다주었고 꼭 필요한 자료는 경찰 입회하에 조금씩 가져온다며 '이 정도야 뭐 괜찮다'고 했다.

내년 초면 원래 빌딩으로 돌아갈 수 있을 것이라고 기대하는 그녀는 모처럼 쉬는 주말이면 저소득층을 위한 서류 봉사활동을 하는 것을 보았다.

뿐만 아니라 그 일대 아파트 주민은 사고 후 며칠간 전기가 끊어지고 물이 안 나와 다른 곳으로 피신했다가 돌아오니 온 집안 가득 흙먼지가 쌓였지만 날리는 먼지 때문에 청소기를 쓸 수 없어 물걸레로 닦아내느라 허리가 끊어지게 아팠다는 고통도 호소했다.

그래도 이들은 말한다.

'불구덩 속에서 죽은 사람도 있는데 뭐, 이런 불편쯤이야.'

그렇다, 산 사람은 어떻게든 산다. 지금 우린 여러모로 불안하고 불편한 점이 한두 가지가 아니다. 그러나 우리들은 경악의 그날을 같이 보았고 후속 테러의 공포를 함께 겪고 있는, 공통의 아픔을 지닌 이웃이 얼굴 없는 적보다 훨씬 많다는 것에 위로 받자.

그전 같으면 길이나 슈퍼에서 마주치는 사람들에게 무심했지만 지금은 전철이 불통되면 함께 걸어서 다리를 건너고 몸이 불편해 보이는 사람에게는 괜찮으냐고 물어보고 있다.

인종을 떠나 같은 뉴요커들 모두, 서로 가까운 친구가 된 것 같지 않은가. 우리는 정말 이번 사고로 무엇을 잃고 무엇을 얻었을까?

(2001. 11. 5)

지금은 돌아올 시간

불과 열흘 전만 해도 아름다운 뉴욕 가을 하늘에 정찰기가 뜨고 허드슨 강변에 항공모함이 정박해 있을 줄 상상이나 했을까.

빌딩마다 조기를 게양한 맨해튼 거리를 사람들은 무심한 얼굴로 지나가지만 가슴 속 밑바닥에 아물지 못한 아픔이 자리 잡고 있음을 짐작이나 했을까?

미국 찬가가 전국을 메아리 치고 있는 이즈음, 이번 주가 전쟁 개시 공격시점의 최대 고비가 되고 있다. 전쟁이 시작되면 사람들의 얼굴은 더욱 우울해지고 비즈니스 분위기는 가라앉으며 근거 없는 소문은 거리를 떠돌아다닐 것이다.

우리들은 어디서 무엇을 할 것인가?

제1차 세계대전이 발발한 1914년 여름, 미국인들이 폭스 트로트와 탱고를 맹렬하게 추던 버논과 아이어린 캐슬 부부를 흉내 내기 바쁠 때 유럽은 두 진영으로 나눠 전쟁을 시작했다. 중립을 지키던 미국은 독일이 자국 선박 3척을 격침시키자 1917년 전쟁에 참여했다.

여자들은 전선의 장병을 위해 양말을 떴고 아이들은 방독면에 쓸 복숭아씨를 산더미처럼 모았다.

또 1942년 일본의 진주만 폭격으로 2,400여 명의 미국인이 사망하자 격노한 미국인들의 분노가 제2차 세계대전에 참여케 했다.

'I AM AN AMERICAN'을 주지시키는 포스터를 전국에 배포, 자유를 위해 싸우는 애국심에 호소하여 엄청난 숫자의 모병, 폭탄・함선・항공기 등의 신무기로 연합국의 승리를 이끌어냈다.

그때 여자들은 비행기, 탱크와 선박의 나사를 죄고 석탄을 삽질하고 탄환을 만드는 등 용접공이 되어 군수품 생산에 앞장섰다.

그런데 이제 이 테러와의 전쟁이 제3차 세계대전을 유발한다면 그때 우리들은 무엇을 할 수 있을 것인가? 물론 직장에서 학교에서 각자 맡은 일을 평상시와 마찬가지로 하겠지만 우리들의 가족관계는 달라질 것이다.

1, 2차 세계대전 때와 지금은 시대가 다르고 환경이 다르고 시민들의 인종 분포도 많이 달라졌다.

풍족하고 편한 기계문명에 길들여진 여성들이 다시 원초적 고통의 단계로 내려갈 리 만무하며 인내심 없이, 아쉬운 것 없이 자란 아이들이 가장이 없는 집을 떠나 거리를 배회할 것은 시간문제이고 통제가 안 될 것이다. 전쟁은 이별을 가져오고 가족이란 공동체를 와해시킨다.

운명이라는 것이, 내일이라는 것이 아무도 장담할 수 없는 일이고 보니 요즘은 다들 전화를 하면 "별 일 없어? 내일 일 모르니 오늘 즐겁게 살자."고 뼈있는 농담을 한다.

월드 트레이드 테러 대참사는 가족 관계에 많은 변화를 가져오고 있다. 한 번 놀란 가슴은 그동안 함께 있어도 잊어버렸던 가족, 소홀했던 가족의 안부를 챙기고 있다.

구사일생으로 살아난 부부가 이혼에 합의했음에도 불구, 다시 합쳤다는 스토리가 전해지고 가방을 싸들고 집을 나가 별거하던 아내가 제 자리로 돌아와 다시 한 지붕 한 가족이 되었다는 말이 들려온다.

타주로 일자리를 찾아 떠났던 남편과 다른 나라로 공부를 하러 떠났던 자녀가 돌아오고 있다. 완전히 돌아올 처지가 안 되면 얼굴이라도 한 번 더 보고 손이라도 잡아보기 위해 잠시나마 가족 곁에 오고 있다. 숨겨두었던 마음이나 망설였던 고백은 더 이상 시간 끌 일이 아닌 것 같다.

지금은 모두가 돌아올 시간이다. 밉기만 한 남편이라도 오늘 저녁, 남편이 잘 먹는 반찬 한 가지라도 장만하여 함께 식탁에 앉을 일이다. 반목하며 지내던, 사이가 좋지 않은 형제일지라도 스스럼없이 돌아와 서로의 안부를 확인할 때이다. 가족이란 때로 눈물겨운 자리가 아니던가.

(2001. 9. 19)

작은 창문이라도

뉴요커의 자랑이던 세계무역센터 쌍둥이 빌딩이 붕괴되었다. 110층 2개의 건물 중 남쪽 빌딩이 주저앉는 것은 TV화면으로 보고 39분 후에 오른쪽 북쪽 빌딩이 폭삭 주저앉는 것은 신문사 편집국 유리창으로 보았다.

늘 위무 당당하게 서 있던 빌딩이 순간에 사라지고 자욱한 먼지 구름만 남아있더니 28년의 역사가 거짓말처럼 그 자리가 텅 비어버렸다.

7번 전철 퀸즈보로 프라자 3층역에서 로어 맨해튼을 바라보면 햇볕 좋은 날에는 알루미늄으로 덮인 빌딩 표면의 벽이 반짝 반짝 빛나고 윗부분의 하얀 머리띠가 선명한 것이 찬란한 미국의 희망을 보여주는 듯했다.

또 전망대의 넓은 카페테리아에서 차가운 콜라 잔을 들고 배터리 파크의 자유의 여신상을 여유 있게 바라보거나 '윈도스 온 더 월드' 레스토랑에서 까만 벨벳에 새하얀 사탕가루를 뿌려놓은 듯한 맨해튼 야경을 바라보며 마시던 화이트 와인 맛이 옛이야기가 되어버렸다.

11일 낮이 되자 맨해튼과 연결된 대중교통 수단이 마비되어 맨해튼에서 퀸즈보로 브리지를 걸어서 건너 퀸즈로 오는 사람들로 신문사 주위가 인산인해를 이루었다.

따가운 가을 햇살에 몇 시간을 걸어오던 사람들은 얼굴이 벌겋게 익어 "이 다리가 이렇게 긴 지 몰랐다."고 하고, 탈진해 쓰러져 코피를 흘리는 사람도 있었다.

이날 오전 1백분 간 뉴욕, 워싱턴, 펜실베니아 등에서 동시 다발적으로 테러가 자행되는 엄청난 일을 보면서 무서웠다. 증오가 부른 인간의 마음이 무서웠다.

하루 동안 충격으로 멍해있던 정신이 서서히 깨어나며 깊고 푸른 분노가 차고 냉정하게 자리 잡고 강력한 응징을 다짐하는 소리가 들려오고 있다.

이 상황에 "인류는 비폭력을 통해서만 폭력으로부터 벗어날 수 있다. 증오는 사랑에 의해서만 극복될 수 있다. 증오에 대항하는 증오는 상대방이 가지고 있는 증오의 깊이와 넓이를 증가시킬 뿐이다."는 간디의 비폭력주의는 허무하게 들릴 것이다.

그러나 국가적 재난이 일어날수록 무고한 시민의 귀한 생명이 얼마나 하찮게 취급되는지, 특히 힘없고 약한 여성과 어린이는 얼마나 무참한 고통 속에 처해야 하는지.

현재 유엔빌딩 로비 오른쪽에 한인화가 강익중씨의 설치작 '놀라운 세계(Amazed World)'가 131개국 어린이 그림 3만 4천여 점으로 전시되어 있다.

개막을 앞두었던 10일 기자들에게 공개된 전시작 중 쿠바, 아프가니스탄, 레바논, 리비아, 사우디아라비아, 시리아, 이집트, 크로아티아, 우간다, 이스라엘 가자평화지구, 팔레스타인 난민촌에서 온 그림들이 눈에 띄었다.

이중 크로아티아 전쟁 고아원 등 분쟁 지역에 사는 어린이의 그림은 거의가 세계 평화를 갈구하는 밝은 세상 그중에서도 꽃 그림이 주를 이루었다. 내분지역인 콩고의 한 어린이는 눈과 입과 귀를 가린 얼굴을 그리고 그 위에 '아프리카에서 살아남는 방법. 안 보고 안 듣고 말 안 하기'라고 썼다.

포성 속에 태어나고 탄피 껍질을 밟으며 놀고 자라는 어린이의 주위는 온통 싸우고 죽이고 피 흘리는 아수라장이지만 이들도 부모가 있는 가정에서 꽃을 가꾸고 꿈을 피우고 싶은 것이다.

그림을 통해 본 어린이들은 종교, 정치, 경제, 문화, 언어가 달라도 온 세계가 한가족 한마음인데, 어른들은 이들에게 적과 싸우는 법, 피는 피로 갚는 복수심을 가르칠 것인가. 고사리 손이 그린 세계 평화의 꿈을 빛바래게 한 어른들의 전쟁은 언제 끝날 것인가.

"창문이 크다고 많이 보는 것은 아니다. 작은 창문이라도 귀 기울이면 목소리가 들려온다."는 작가의 말을 흘려듣지 말자.

(2001. 9. 12)

우리의 보금자리, 플러싱

여행을 별로 많이 다니지는 않았지만 샌프란시스코, 워싱턴, 밴쿠버 등 미주와 캐나다 등지를 다니며 꼭 들르게 되는 곳이 차이나타운이다. 1800년대 캘리포니아 금광개발과 대륙횡단 철도 건설로 일자리를 찾아왔던 중국인들이 미국에 정착, 세계 도처에 퍼져있는 이 차이나타운을 중심으로 서로 정치, 경제 및 민족적 유대관계를 긴밀하게 맺고 있다.

이민 역사가 길고 인구수도 많으니까 그렇겠지만 맨해튼의 차이나타운도 맨해튼 섬을 동서로 달리는 캐널 스트릿을 중심으로 중국식당과 금은방, 잡화점, 야채가게 등이 즐비하여 싸고 맛있거나 다양한 품질의 음식과 상품들을 판매하고 있다. 이곳의 차이나타운은 날로 팽창하여 황색과 적색의 화려한 색채와 한자의 홍수가 이제는 플러싱까지 밀려들어와 제2의 차이나타운을 만들고 있다.

플러싱은 70년대부터 미국에 온 한인 이민자의 첫 정착지로 한국의 문화가 통하고 언어가 통하는 한인타운이 아니던가. 인도나 차도나 걸어 다니는 사람은 거의 한국인이며 한글 간판이 있는 한인상가하며 한국말로 길을 물어보고 답해주는 이곳이 80년대 후반부터 한자 간판이 늘어나더니 한인식당이나 가게도 점차 사라지거나 베이사이드 방향 노던대로로 옮겨가고 있다.

한인상권이 그만큼 확장되어 가는 것이라고 보는 측도 있지만 그렇다면 메인 스트릿과 유니온 스트릿의 한인가게는 왜 사라지고 있는가. 중국 자본의 한인상권 침투가 가속화 되어가고 있는 것이다.

플러싱에서 25년간 부동산업을 해온 A씨에 의하면 "20년 전에는 유니온 스트릿 건물주 80%가 한인이었는데 최근에는 20%로 줄었다. 큰 건물이 매물로 나오면 중국인들은 10명 정도가 공동투자 하여 건물을 산다. 식당도 개인이 오너인 경우보다는 3~4명이 오너로 여러 개의 체인점을 함께하고 있으므로 비즈니스의 실패율이 적다."고 한다.

며칠 전에는 건물주의 렌트비 인상을 걱정한 한 한인자영업자가 본사로 전화를 해왔다.

"아직은 메인 스트릿에 버티고 있지만 서너 군데 한인가게 외에는 모두 떠났다. 중국인들이 건물을 하나, 둘 사들이기 시작, 건물주가 되면서 한 달에 2천 달러 받던 렌트를 갑자기 6천 달러를 내라니 안 나갈 수가 없다. 한인들이 나가면 같은 동족인 중국인에게 2천 달러의 원래 렌트비로 가게를 열게 하며 점차 자기네 영역을 확장하고 있다. 앞으로 4, 5년이면 모조리 중국인 천지가 될 텐데 우리는 너무 태평하게 앉아서 보고만 있다."고 걱정하며 "한인 재력가와 단체, 부동산업자들이 모여 열 명, 스무 명이 공동투자 하여 건물을 사들여야 한다. 그런 움직임이 있다면 나도 1천 달러든 1만 달러든 동참 하겠다."는 의견을 내놓았다.

사실 아무리 한인 모임이나 잔치를 하고 싶어도 한인상가가 없어지고 그 거리가 한인들의 생활터전이 아니면 굳이 그곳에 모일 필요가 없다. 물론 미국 땅은 엄청나게 크다. 그 넓으나 넓은 땅을 두고 복잡하고 좁은 한 곳에만 몰려있지 말고 이왕 미국에 왔으니 뚝뚝 떨어져 살며 전 세계인을 무대로 장사를 하고 소정의 이민 목적을 이루는 것도 필요하다.

그러나 한인들이 모여 살며 한인 세력을 모으는 구심점은 필요하다. 그러려면 우리가 주인인 보금자리가 필요하다. 70년대 후반에도 브로드웨이에서 돈을 번 자영업자들이 건물을 합동으로 구입하는 움직임이 있었으나 장사든 건물이든 동업이 아닌 혼자 주인이 되는 민족성 때문인지 별로 성사되지는 않았다. 다행히 최근에 이민온 지 20~25년 된 한인들은 건물을 구입할 때 혼자서 하지 않고 뜻이 맞는 여러 사람이 하려 하나 아직은 역부족이다.

요즘은 미국 경제의 호황에 힘입어 부동산 경기 전망도 좋은데 재력 있는 한인들은 가족, 동창, 친구, 계원끼리 적극적으로 플러싱 일대 건물을 구입하여 한인타운이 해체되지 않도록, 제2의 고향 땅을 지켜야겠다.

70년대 초반부터 우리 이민의 과거사가 얽혀있는 이곳이 다른 민족에게 넘어가면 우리는 어디서 향수를 달래나. 가끔 플러싱으로 나가 한국산 아이 내복을 사고 한국 빵집에서 단팥빵과 유자차를 먹고 한국 서적에 들러 신간 한 권을 사들고 길에서 마주치는 낯익은 한인들과 한국말로 안부도 나누는 간단한 나들이, 미국 땅에 살며 맛보는 포근하고도 아늑한 이 기분을 잃어버릴 수는 없지 않은가.

(2001. 7.)

3장

뷰티풀 라이프

미국에 살면서 지난날 한국에서의 추억 팔기는 사양하고 싶다. 이곳에 사는 즐거움을 말하지만 어느 구석엔가는 두고 온 곳에 대한 그리움이 담긴다. 삶의 진솔한, 치열하게 살아온 흔적이 보이길 바라지만 나이가 들수록 자꾸 옛이야기에 끌린다.

좀 더 다정하게

연둣빛 싹이 삐죽 올라오며 나무에 물오르는 소리를 채 듣지도 못했는데 벌써 여름이 온 듯하다. 올봄은 오는 둥 마는 둥 벌써 가려고 채비를 하고 있다. 몰아치던 비바람이 그치면서 대기의 모든 먼지를 싹 가져가 버린 다음날 아침, 이른 출근길에 브로드웨이 몰 우체국에 들렀다.

편지를 부치고 차의 시동을 켠 순간 환하게 비치는 햇살 아래 극명하게 드러나는 주차장의 온갖 사물들, 각종 상점들의 입구와 유리창에 더덕더덕 달라붙은 먼지와 때, 주차장에 흩어진 비닐봉지들… 그 민낯을 보면서 우리 삶도 이처럼 남루하다는 생각이 들었다. 허무하고 보잘것없으나 이 남루함이 싫지 않았다.

희로애락이 누더기처럼 기워진 삶처럼 이 남루함마저 고마워해야 하고 충실하게 보내야 한다는 것, 사명감처럼 다가왔다. 살아있으니, 쓰임을 받고 있으니 삶을 누릴 권리가 있는 것이다.

지난 3월 중순, 워싱턴 DC의 친척오빠가 갑자기 세상을 떠났다. 한국이 그립거나 멀리 여행을 가고 싶은데 마땅히 갈 데가 없으면 무작정 워싱턴으로 갔고 오빠는 언제라도 반겨주었다. 장례식에 가서야 많은 것을 알았다. 미사를 집전한 신부는 "40여 년을 의사로 일하면서 쉬는 날에는 외로운 노인, 저소득층 무료진료를 해왔다."고 알려준다.

평생을 내과·가정의로 일하며 봉사의 삶을 살던 오빠는 올 2월 초 오전에 환자를 보고 너무 배가 아파서 오후에 병원으로 들어간 것이 다시는 집에 들어오지 못했다고 한다. 아무리 바빠도, 환자 진료 중이라도 뉴욕동생이 전화했다고 하면 전화를 받아서 "오빠가 이따가 전화할게." 한마디 하고는 그날 저녁 9시 넘어서라도 꼭 전화를 해주었다.

"왜 아직까지 집에 안 가시고?"

"낮에는 시간이 없어서 서류 정리하고 시도 쓰고…."

손 한번 잡는 것이 소원이었다는 아내와 50년간 함께 살아 너무 행복했다는 그는 '여러분들 감사하였다'는 말을 남겼다.

네 명의 아이들 생일 때는 케이크만 하나 달랑 사주고 사람들의 선물이나 용돈을 모조리 몽고 울란바토르에서 사역하는 신부님께 보냈다고 한다. 이는 대물림되어 성장한 아이들도 특별한 날 쓰일 돈이 몽고 한 마을에서 신부 세 명, 농학박사, 건축가 등 10여 명의 인재를 배출시킨 장학금이 되었다.

이 멋진 오빠를, 이 귀한 존재를 이제야 느끼고 있다. 문학을 하고 싶었지만 의대를 가야 했던 오빠는 아이들 다 키우고 60이 넘어서야 시를 쓰면서 워싱턴문인회, 워싱턴 펜클럽 회장, 윤동주문학회 초대회장으로 활동했다.

사람은 한 번 가니 다시 오지 않는다는 것, 이번에도 절실히 느끼고 있다. 30여 년 전 내 곁을 떠난 엄마도, 25년 전 세상을 떠난 아버지도, 한 번 떠나고는 다시 돌아오지 않았다.

이민 1세인 오빠가 가니 타인종과 결혼한 조카들은 한국말도 잘 못하고 멀리 떨어져 살아 그나마 오빠로 인해 이어지던 끈이 툭 끊어진 듯하다. 3세, 4세 자손들은 "옛날 옛적에 증조(또는 고조) 할아버지가 공군 군의관으로 가방 하나 들고 미국 땅을 밟았지." 하며 가문의 역사를 떠올리겠지.

미주 한인의 역사는 이렇게 차곡차곡 쌓여가고 있다. 나는 누군가, 어디서 나서 어디로 가고 있는가를 끊임없이 묻고 물으며 오늘도 내일도 흘러가고 있다.

그날로부터 37년, 5·18민주화운동 기념식장에서 문재인 대통령과 참석자들은 '님을 위한 행진곡'을 제창했다.

1980년 5월, 대학을 갓 졸업한 신입기자인 나는 막 편집을 끝낸 대장을 한아름 들고 선배기자와 함께 총을 든 군인들이 지키는 가건물로 검열을 받으러 갔다. 군인 아저씨들은 빨간 색연필로 죽죽 가위표를 하거나 동그라미를 치며 검열을 해주었다.

아무 생각 없이, 아무 느낌 없이 대장을 들고 다닌 그 오월… 지나고 보면 삶은 늘 후회하고 부끄러운 일투성이다. 다시 못 올 길로 그리운 이를 보내고 나서야 좀 더 다정하게 대할 것을, 좀 더 당당하게 살 것을 하고 후회하고 반성한다, 계절은 눈부신 오월인데….

(2017. 5)

뷰티풀 라이프

지난 3일 독일 베를린에 아들이 있는 친구가 독일 유명잡지 「슈피겔(DER SPIEGEL)」지의 2월 4일자 표지를 카톡으로 보내왔다. 노란 머리에 빨간색 넥타이, 검정 양복차림의 도널드 트럼프가 왼손에는 피 묻은 칼을, 오른손에는 피가 흐르는 자유의 여신상의 잘린 목을 높이 쳐들고 포효하는 듯한 모습이었다. 표지 오른쪽 하단에는 'AMERICA FIRST'라 적혀있다.

이 그림은 쿠바계 미국인이 그린 것으로 트럼프의 반이민정책으로 참수된 자유의 여신상을 나타낸 것이라 한다.

또, 7일 밤 집으로 배달된 13일자 'NEW YORKER' 주간지 표지에는 여신상의 오른손에 든 횃불이 완전히 꺼진 채 하얀 연기가 캄캄한 하늘 위로 피어오르고 있다. 암흑천지인 세상은 한치 앞도 보이지 않는다. 존 W. 토맥의 'LIBERTY'S FLAMEOUT'이다.

자유의 여신상은 미독립 100주년을 기념하여 프랑스가 미국에게 선물한 것으로 횃불이 상징하는 것은 자유이다. 과거 이민자들이 뉴욕 항구에 들어서면 가장 먼저 보이는 자유의 여신상은 오른손 높이 영원히 꺼지지 않는 횃불을, 왼손에는 1976년 7월 4일 독립선언서를 들고 서 있다.

'자유는 세계를 비친다'는 이 상징물이 '미국 우선주의', '미국인에게 일자리를, 미국제품을 사라', '미국과 멕시코간 장벽을 쌓겠다', '난민과 무슬림 입국 금지하라' 등등 트럼프 대통령의 언행으로 수난을 당하고 있다.

지난여름, 키세나 팍에 갔을 때 눈만 내놓고 검정 브루카로 전신을 뒤집어 쓴 소녀 대여섯 명이 키득거리며 자전거를 타다가 넘어지고 다시 타며 즐기는 모습이 참으로 보기 좋았었다. '그래, 이게 미국이지, 바로 미국이야.' 하며 미국의 넓은 품을 느꼈더랬다. 그런데 이 넓고 깊고, 넉넉하던 미국의 품이 겨우 자신의 몸만 감싸 안을 정도로 쪼그라들고 있다.

수백 개의 다양한 민족과 다양한 문화, 다양한 언어가 어우러져 사는 뉴욕에서 세계를 볼 수 있었는데 이제는 불신과 증오가 지배하려 하고 있다. 미연방법원이 반이민행정명령을 일시적으로 중지시켰지만 여전히 트럼프 행정부의 방향은 언제 어디로 튈지 모른다.

문제는 난민위기, 경제성장 둔화, 유럽연합에 대한 환멸로 유럽의 극우세력이 서서히 일어나고 있는 점이다. 영국이 유럽연합을 탈퇴했고 독일은 오는 9월 총선에서 이슬람은 독일에 맞지 않는다는 정책강령을 채택한 극우정당의 돌풍이 예상된다. 올봄 대선을 앞둔 프랑스에서는 내셔널 프런트당 마린 르펜 대표가 극우인종차별주의자인 아버지의 뒤를 이어 대통령에 출마한다. 대통령제인 프랑스를 극우파가 이끌면 유럽전체가 극우의 물결에 휩싸일 수 있다.

미국을 방문하여 트럼프와 정상회담, 국빈만찬, 골프를 함께 치는 아베 신조 일본 총리는 수년전부터 극우주의자이자 군국주의자로 비난받을 정도다. 시진핑 중국주석은 말로만 자유무역이고 사드 배치 결정 이후 한국에 경제 보복을 하는 중이다. 우리는 이미 강렬한 민족주의 색채를 지닌 극우정권이 유럽에 수립되면서 제2차 세계대전을 치른 경험이 있다.

지난주 전철을 타고 퀸즈에서 맨해튼으로 오고 가면서 사람들을 주의 깊게 관찰했었다. 백발의 백인 할아버지는 꼬박 꼬박 졸고 있고 히스패닉 청년은 무르팍 곳곳에 맨살이 보이는 바지를 입은 채 이어폰으로 음악을 들으면서 흔들거리고 있다. 흑인 아저씨는 무심하고도 순한 눈빛으로 창밖을 멍하니 보고 있고 그 옆에 앉은 중국 여인은 가방에서 사과를 꺼내 먹는다. 동구권 같은 중년여성은 커다란 검정 쓰레기백 서너 개를 발치에 놓고 무릎에도 하나를 올려놓았다. 그리고 그 맞은편에 검정 뿔테안경 쓴 한인여성 내가 앉았다.

다소 이민생활에 찌든 남루함이 보였지만 누군가의 아버지이고 어머니이고 아들이고 딸인 이들, 이들의 삶은 눈 오고 비 오고 진땅 마른땅 밟아가며 나름 열심히 인생의 희로애락을 헤쳐오고 있을 것이다.

그냥 이대로 살게 해 달라. 합법적인 신분이든, 서류미비자든 각자의 삶은 뷰티풀 라이프(Beautiful Life)다. 드라마 '도깨비'의 공유(김신 역) 대사를 빌려 표현하면 "너와 함께한(나의 인생) 모든 시간이 눈부셨다. 날이 좋아서 날이 좋지 않아서 날이 적당해서 모든 날이 좋았다."

(2017. 2. 9)

봄날은 간다

겨울이 간 듯 만 듯하더니 요즘은 정말로 봄이 온 것 같다.

지난주부터 화사한 날들이 계속되면서 집안에 있는 사람들이 모두 밖으로 뛰쳐나온 듯 공원이나 거리나 사람들로 가득 하다.

지난 5일 한식(寒食)을 맞아 주말에 집에서 한 시간 이상 거리인 롱아일랜드 워싱턴 메모리얼 팍으로 성묘를 갔더니 그곳에도 봄은 한창이었다.

커다란 벚꽃 나무가 바람에 흔들리며 하르르 꽃잎이 떨어지는 한가로운 풍경 속에 죽음들이 평화로이 누워있었다.

말끔히 이발한 푸른 잔디 위로 바람결 따라 날아와 쌓인 꽃잎은 분홍색 띠를 이루고 있었다. '연분홍 꽃잎이 봄바람에 휘날리는' 것을 묘소의 바위동산에 앉아 보고 있자니 저절로 낯익은 노래가 귓전에 들렸다.

"연분홍 치마가 봄바람에 휘날리더라. 오늘도 옷고름 씹어가며 산

제비 넘나드는 성황당 길에 꽃이 피면 같이 웃고 꽃이 지면 같이 울던 알뜰한 그 맹세에 봄날은 간다."

6·25전쟁 후인 1954년 유니버설 레코드사를 통해 나온 백설희 노래 '봄날은 간다'는 당시에도 시집살이와 생활고에 시달린 수많은 여인들의 가슴을 울렸지만 현재에도 많은 이의 가슴을 적시고 있다.

손로원 작사, 박시춘 작곡의 '봄날은 간다'는 효도잔치에나 부를법한 노래지만 2004년 '시인세계'가 젊은 시인부터 원로시인까지 시인 100명이 좋아하는 가요 설문조사에서 1등을 차지할 정도로 지금도 한국인들이 좋아한다.

날씨가 너무 화창하고 밝아서 그래서 가슴속 맺힌 한이 막 터져 나올 것 같고, 인생의 봄은 가고 있고 세월은 무심하게 흐르는데 왜 이리 사는 것이 하루도 편할 날이 없는 건인지, 모두 다 받아들이면서도 그 상처가 너무 깊고, 이런 인간사와 상관없이 무심한 자연은 너무 아름다워서 너무 슬픈 그런 노래다.

세상에 많고 많은 사람들이 살고 있고 저마다 애환 깃든 사연이 만발해 있다.

봄이 되면서 결혼식, 금혼식, 병문안을 여러 곳 다녀왔다. 한겨울 동안 막혀 있다가 봇물이 터진 듯 줄줄이 행사가 이어졌다.

오래 혼자 살던 후배가 좋은 사람을 만나 면사포를 썼고 한국과 뉴욕에서 두 조카가 같은 날 결혼했으며 존경하는 선배부부가 사모관대와 족두리 차림으로 결혼 50주년 기념 잔치를 했다.

정말 가까운 친구가 유방암 수술을 했고 또 한 사람의 친구는 투

병 중이다. 그런가 하면 매일 가슴 졸이며 생명줄을 붙잡고 사는 인척도 있다. 4년 만에 돌아온 윤달을 맞아 한국의 아버지 묘소를 정리해 뉴욕의 어머니 옆에 이장해야 하는데 하고 걱정하는 소리도 들린다.

주위에 나이가 들면서 몸 어딘가가 고장 나서 약을 입에 달고 사는 사람, 그런가 하면 멀쩡히 20년을 정다운 이웃으로 지냈는데 어느 날 보니 이혼 후 한 사람은 뉴욕에 남고 한 사람은 한국으로 돌아가기도 하고, 잘나가던 비즈니스가 문을 닫으면서 집이 차압당하고 그달 생활비를 걱정하는 사람이 있는 가하면 "장사가 안 돼, 인건비도 안 나와." 하는 후배의 이마 주름살이 나날이 깊어 보여도 열이면 열 성실하게 열심히 살고 있는 단내가 난다.

이런 저런 주위의 갖가지 사연들이 산처럼 강처럼 넘쳐나고 있다.

묘소에 올 때마다 아는 사람의 비석이 눈에 뜨이는 것처럼 이민 연수가 쌓일수록 세상을 떠나는 사람도 하나, 둘 늘어나고 있다. 점차 결혼식보다는 장례식 가는 횟수가 더 많아질 것이다.

축하할 곳도 들여다 볼 곳도 위로해줄 곳도 많은 봄날을 보내며 쉽거나 거저 사는 삶은 어디에도 없구나 싶다.

돌아오는 길에 들른 선킨 메도우 바닷가에는 다사로운 햇살아래 모래사장에 누워 선탠 하는 사람, 아빠와 아이들이 어울려 연 날리는 사람, 해변가를 걷는 사람들이 지천이다. 공원길을 따라 조깅하는 사람, 자전거를 타는 사람, 천천히 산책하는 사람, 저마다 건강을 위하여 열심히 노력하고 있다.

겨울은 가고 봄은 오고 또 이 봄이 지나면 여름이 올 것이다.

아무리 살기가 힘들다 해도 이래저래 봄을 즐기는 사람은 있게 마련이고. 이렇게 저렇게 부지런히 봄날은 가고 있다.

(2012. 4.)

노인과 바다

노벨문학상을 받은 어네스트 헤밍웨이(1899~1961)의 「노인과 바다」라는 소설이 있다. 바다에서 고기를 잡아 생계를 유지하는 노인은 석 달 동안 고기 한 마리를 못 잡다가 드디어 한 마리 대어 마린(Marlin)을 낚았다. 노인은 먹지 못하고 잠도 못자면서 3일 밤낮을 바다 한가운데서 혼자 고기와 결사적으로 싸운다.

손에 피가 나고 허리가 굳고 온몸이 마비되어도 포기하지 않고 무시무시한 고기와의 싸움에서 드디어 이긴다. 그런데 잡은 그 고기가 너무 커서 배안에 실을 수가 없어 뱃전에 묶은 다음 멀리 떨어진 항구로 돌아가려고 노를 젓는다.

그런데 피 냄새를 맡은 상어떼가 몰려든다. 상어떼로부터 고기를 빼앗기지 않으려고 또다시 사투를 벌이나 항구에 돌아왔을 때 고기는 머리와 뼈만 앙상하게 남아있다.

가끔 미국에 와서 우리가 사는 모습이 소설 속에 나오는, 상어에게 다 뜯어 먹히고 뼈만 앙상하게 남은 빅 피시 같다는 생각을 해 본다.

바닷물 속에 커다란 고기 덩어리가 하나 툭 떨어지자마자 피 냄새를 맡고 몰려든 상어들, 가장 큰 살점은 집 모기지가 채가고 두 번째 큰 살점은 차 모기지가 채가고 세 번째 큰 살점은 각종 신용카드료, 다음은 자동차 보험료, 생명보험료, 집보험료, 또 전기요금에 전화요금, 물값에 식품비에, 나중에는 자동차 가스비가 달랑달랑 할 정도다.

다 뜯기고 나면 앙상한 뼈만 남는다. 주위에는 낭자한 피가 흐르고….

경기 침체가 계속 되다보니 그 여파로 정년을 앞둔 미국의 55세 이상 장년층의 부채가 증가하고 있다 한다.

최근, USA투데이가 보도한 바에 따르면 은퇴를 앞두고 직장이나 사업을 하면서 생애 가장 많은 수입을 올려야 하는 이 나이에 경기 침체로 인해 실직자가 늘고 소득도 급감하면서 파산을 신청하는 사례가 증가한다는 것.

경기 침체이전 55세 이상의 장년층이 가장으로 있는 가구들의 평균 가계 부채는 지난 2000년 3만 4천 달러에서 2008년에는 두 배인 6만 6천 달러에 달했다고 한다.

특히 파산신청을 한 미국인 3분의 2 이상은 그 원인이 실직으로 감소한 소득을 메우기 위한 신용카드 과다사용이라고 한다.

보통 55세 이상이면 집 한 채 정도는 지니고 있는데 실직으로 모기지 연체를 하여 집이 압류 위기에 놓여 있는 사람도 있다. 그렇다고 해서 50대 중반 장년들은 나이도 많고 앞날에 희망이 보이지 않는다고 지레 포기하지 말자. 나이가 들어서 대어를 낚은 위대한 사람도 많다.

세계 역사상 최대 업적의 35%는 60~70대에 성취되었다고 본다. 그리고 23%는 70~80세 노인에 의하여, 6%는 80대에 의하여 성취되었다고 한다. 결국 역사적 업적의 64%가 60세 이상의 노인들에 의해 성취된 셈이다.

구체적 예로 모세는 80세에 민족을 위해 새로운 출발을 했고 괴테가 「파우스트」를 완성한 것은 80세가 넘어서고 미켈란젤로는 로마의 성 베드로 대성전 돔을 70세에 완성했다.

한없이 넓고 깊은 바다와 같은 우리 인생, 새벽부터 밤늦게까지 삶의 터전에서 먹고 살기 위해 땀 흘리고 있다.

석 달 동안 고기 한 마리를 못 잡아도 평생 살아온 생존현장이기에 다시 바다로 나가 고기를 잡겠다는 희망을 버리지 않은 노인, 그 노인은 비록 뼈만 남은 생선이지만 자신과의 싸움에서 승리했다, 삶의 진실을 보여주었다.

미국에 사는 50대 이상 중년층은 일자리가 없어 소외감을 느끼고 놀아줄 사람도 없어 외롭고 고독하지만 희망을 잃어서는 안 된다. 꿈을 이루는데 나이가 무슨 상관인가? 내일 아침이면 다시 치열한 삶의 현장인 바다로 나가자. (2011. 1)

아버지의 세뱃돈

새해가 온 지 일주일이 되었다. 어제 같은 오늘, 오늘 같은 내일이 올 것이지만 사람들은 새해가 오면 뭔가 달라지지 않을 까 기대를 한다.

그런데 나이가 들수록 커다란 변화가 오는 것은 두렵고 지금 이 상태에서 그저 좀 더 편한 삶이 되기를 바라는 것 같다.

12월 31일이나 1월 1일이나 사실 다 같은 시간이고 가는 세월이지만 사람들은 마음을 다잡거나 반성하고 새로운 계획을 세우는 계기로 삼고 있다.

그런데 나는 이 신년 벽두에 지난 12월에 큰 실수를 한 것을 발견했다. 아버지의 기일을 잊고 지나간 것이다. 이민 초창기라서 '살기 바빠서'도 아닌데, 오히려 지금은 식구가 단출해져서 잘 챙길 수도 있는데, 그저 돌아가신 아버지가 머릿속에 없었던 것이다.

2일 날 새해 인사도 할 겸 서울 친정오빠에게 전화를 했다.

10년 정도는 기일 때마다 부모님 제삿상에 놓을 조기 한 마리라도 사놓으라고 작은 정성을 보내었지만 "이곳 걱정은 하지 말고 그곳에서 너나 잘 살아라."는 오빠의 한마디가 은연중에 머릿속에 자리 잡아선지 몇 년 전부터는 그것도 잊어버렸다.

어떻게 나를 낳아주고 키워주신 분의 기일을 잊어버릴 수 있었는지 기가 막히지만 한편으로, 워낙 멀리 떨어져 살다보니 가족의 경조사에 참여 못하는 일이 한두 번이었던가 싶어 스스로 자위하기도 한다.

미국에 살면서 한국에 자주 가서 일가친척을 만나 회포를 푸는 사람도 많지만 수십 년 동안 가지 않는 사람도 많다. 뉴욕에서 자리 잡고 살면서 한국 떠난 지 20년, 30년이 되었다는 사람을 보면 물어본다.

"그동안 한 번도 가보고 싶지 않았어요?"

그 긴 세월을 자신이 태어나고 뼈대가 굵어진 고향 땅을 떠나 어떻게 살 수 있었을까 싶기도 하고 "모든 가족이 다 이곳에 이민 왔기에 굳이 갈 일이 없었다."는 말을 이해하기도 한다.

그런데 대부분의 한인들은 고향이고, 추억이고 다 잊고 살던 일들이 명절이 되어 떡국을 먹다보면 새록새록 살아 오른다고 한다. 신정과 설날, 보름 전후로 한국 마켓에 가면 가득 쌓여 있는 사과와 배 박스, 떡국과 만두가 날개 돋친 듯 팔려나가는 것을 볼 수 있다.

어린 시절에 명절이 다가오면 온 가족이 동네 목욕탕에 가는 것은 집안의 대사였다. 아버지, 엄마, 언니, 오빠, 동생 모두 우르르 몰려가서는 남탕, 여탕으로 나누어 들어가 묵은 때를 벗겨내고 깨끗한 몸과 마음으로 새해를 맞았다.

탕 안에서 소리를 지르면 목소리가 울려 퍼졌고 커다란 원형 천장에 맺힌 물방울이 목과 등에 차갑게 떨어지기도 했다. 수시로 주인아주머니가 긴 장대에 그물망이 달린 뜰채를 갖고 와서 욕조 위에 둥둥 떠다니는 허연 때를 건져내기도 했다.

구멍이 난 바지와 양말을 버리고 새로 산 자주색 비로도 치마와 새하얀 블라우스를 입는 새해에는 입도 호사를 했다. 마땅한 간식거리가 없던 그 시절에 곶감, 홍시, 강정, 떡을 마음껏 먹을 수 있었다.

명절날 아침, 새 옷을 입고 집안어른들에게 서툰 몸짓으로 세배를 하면 한 푼씩 쥐어주는 세뱃돈을 받을 때는 얼마나 기뻤던지, 신이 나서 그 세뱃돈을 들고 동네 구멍가게로 달려갔다. 용돈이란 것이 없던 그 시절, 돈 주고 사먹는 과자나 사탕은 정말 맛있었다. 그래서 어린 시절에는 1년 내내 명절을 기다렸다.

지금 이 나이에는 아이들과 어린 조카에게 세뱃돈을 주는 입장이다.

하지만 한번쯤은 부모님이 살아오셔서 주는 세뱃돈을 받고 싶다. 오래전 돌아가셔 얼굴도 아련하지만 우리 아버지, 엄마에게 정성껏 세배를 하고 세뱃돈을 받으면 너무 좋아서 눈물이 날 것 같다.

올 한 해에도 우리는 살아내야 하고 각자 해야 할 일이 많을 것이다. 그리고 사는 재미와 즐거움을 스스로 찾으면서 서로에게 복을 빌어주자.

"새해, 복 많이 받으세요." (2011. 1. 6.)

'무소유'는 어딜 갔을까?

지난 3월 입적한 법정스님이 자신이 저술한 책들을 더 이상 출판하지 말라고 유언을 남기며 대표적 저서 「무소유」가 인터넷 경매에서 엄청난 가격으로 치솟은 적이 있었다.

8천원짜리 책이 21억 원까지 치솟은 황당한 가격은 실제 구매의사가 없는 허위입찰로 경매가 취소된 해프닝으로 끝났다.

자연히 내가 갖고 있던 「무소유」를 찾아보았는데 책꽂이에도, 책상 위에도 아무리 찾아도 그 책이 눈에 띄지 않았다.

법정스님은 「무소유」에서 3년 가까이 애지중지 키우던 난초를 어느 날 뜰에 내놓은 채 외출을 했다가 부랴부랴 돌아와 보니 잎이 축 늘어져 있는 것을 보고 집착이 괴로움인 것을 절절히 느끼게 되었다고 했다.

며칠 후 난초처럼 말이 없는 친구가 놀러왔기에 선뜻 그의 품에 난을 안겨주고 비로소 얽매임에서 벗어났다면서 이때부터 하루 한

가지씩 버려야겠다고 스스로 다짐했다고 한다. 난을 통해 무소유의 의미 같은 것을 터득했다는 것이다.

나는 그 책을 머리맡에 두고 수시로 읽곤 했었는데 도대체 어딜 갔을까? 누굴 빌려주었을까 아무리 생각해도 기억나지 않았다.

사실 그동안 한국에 다녀올 때마다 이민 가방 가득 한국 책을 사 왔었다. 책장을 그득 채운 책은 바라보기만 해도 흐뭇했고 남들에게 빌려주기도 아까웠었다. 책을 일단 빌려간 사람은 책 도둑은 도둑도 아니라는 옛말처럼 잘 돌려주지 않았기 때문이다. 또 내가 그 책에서 얻은 지식, 감동을 남들과 나눈다고 생각하니 그 감동이 반분되는 듯한 기분도 들었었다.

그런데 아마 내가 「무소유」를 읽은 후였지 싶다. 아무리 화나고 불안 초조해도 책을 읽다보면 스르르 풀리고 현실에서는 하늘이 무너질 것 같은 충격과 고통도 책을 읽다보면 사소하게 취급되어 마음에 평화가 찾아오는 느낌, 그것을 다른 사람들과 나누고 싶어졌다.

책 속에는 상처받고 흐느끼고 다시 희망을 갖고 살아가는 사람들이 있었다. 그래서 살기가 힘들어 보이는 친구, 사는 재미가 없다는 친구, 배반당하고 상처 입은 친구들에게 이 책을 읽어보라고 권하고 책을 나눠주기 시작했다.

주위사람들에게 한보따리씩, 한 박스씩 빌려주고 나눠주고 하다 보니 그중에 '무소유'도 들어간 것이렸다.

몇 주 전에는 책을 빌려준 사실도 잊어버렸던 한 친구가 책을 돌려주며 CD와 초콜릿 한 박스를 안겨주기도 했다. 나의 책들이 여기 저기 흩어져 사람들에게 기쁨을 주고 슬픔을 달래주는 것에 만족한다. 책장이 빌수록 마음이 가볍다.

그러다 문득 책이 아닌 돈을 빌려주었어도 이렇게 기분이 좋을까 싶었다. 그냥 준 것이라고 생각하면 흐뭇하겠지만 과연 돌려받을 수 있을까 하면 초조 불안 할 것이다. 책뿐 아니라 돈도 사람들에게 빌려줄 수 있는 형편이 되면 얼마나 좋을까. 하지만 돈과는 별로 인연이 없는 것 같으니 그저 남의 신세나 안지고 살길 바랄 뿐이다.

그런데 말로는 무소유를 따른다지만 자꾸 생각난다. 내가 아끼는 책, 법정의 『무소유』는 어딜 갔을까? (2010. 7. 13)

이사와 도둑

지난 가을부터 이사 갈 집을 보러 다니다가 마침내 한 집을 발견하여 이번 2월에 14년간 살던 아파트에서 단독주택으로 이사를 했다.

예약 없이 남의 집 구석구석을 샅샅이 아무 거리낌 없이 볼 수 있는 것은 오픈 하우스 때이다.

그동안 길을 가다가 '오픈 하우스' 팻말만 붙어있으면 들어가서 내부를 보았는데 그때마다 미국인이든 한국인이든 모든 사람들이 엄청난 살림살이에 둘러싸여 일생을 사는구나 하는 것이었다. 하루 세 끼 밥 먹고 자고 하는 공간이 얼마나 필요하다고 다들 그 속에 얼마나 많은 가재도구들을 끼고 사는지 가구, 옷, 부엌 살림살이, 가족사진 액자 등 '참으로 짐이 많네' 하는 소리가 절로 나올 정도였다.

그런데 '사돈 남말 한다'고 정작 우리가 이사 갈 때 웬 그리 허접스런 짐이 많은지 이삿짐 트럭으로도 모자라 밴으로 화분 등을 날라야 했고 다시 또 물건의 노예가 되어 살고 있다.

남들이 들으면 어이없다고 할지 모르겠지만 지금 살고 있는 집을 처음 보러온 날, 뒤뜰의 아주 자그마한 채소밭 한쪽에 놓인 장독대가 마음을 잡아끌었다.

같은 한국 사람인 전 주인이 잔디밭 대신 부추, 고추, 상추, 깻잎 등을 재배했다는 채소밭 옆에 항아리 대여섯 개가 올라갈 정도로 편평한 넓적바위가 장독대 역할을 하고 있었다. 몸통이 오동통한 항아리들이 햇볕에 반질거리며 매끈한 자태를 자랑하는 것이 탄성을 자아냈다.

그런데 부동산 시장에 나온 그 집을 보러 수많은 사람들이 들락날락 하더니 어느 날 다시 가보니 장독대의 그 예쁜 항아리들이 하나도 없었다. 아주머니는 한국 마켓에서 크고 작은 것을 다양하게 구해 애지중지 하던 항아리를 몽땅 도둑맞고 참으로 애석해 했다. 아마도 고추장, 된장, 간장 항아리를 가져간 사람은 같은 한인일 것이다.

최근 칼리지 포인트와 플러싱 등 한인밀집지역에 좀도둑이 늘었다고 한다. 사람이 없는 틈을 타서 건물 뒤편 유리창이나 문을 통해 침입, 절도행각을 벌인다는데 주로 현금이나 보석, 노트북 같이 쉽게 들고 나가는 것을 집어간다고 한다.

새로운 집에 이사 와서 새롭게 살려는 사람에게 도둑은 참으로 마음을 상하게 만든다.

과거 대한민국이 아주 못살아 하루 세 끼 밥 먹기가 어려웠던 60년대 초에 이런 이야기가 자주 들려왔다.

"낮잠을 자고 났더니 마당에 널어놓은 빨래를 걷어갔대."

"점심 먹을 때도 있었는데 저녁 하려고 보니 부뚜막 위 수저통에서 은수저만 없어졌어."

"2층 양옥집 옥상에 말리려고 널어놓은 고추를 누가 몽땅 걷어갔대."

"현관에 놓인 신발도 반반한 것은 죄다 가져갔네." 하는 말들이 기억날 것이다.

그런데 지금은 대부분 하루 세 끼 밥은 먹는다. 우리가 살고 있는 곳은 먹을 것이 지천에 널린 미국인 것이지 않은가.

이 집에 살고 나서 아침에 눈뜨면 가장 먼저 커튼을 젖히고 뒤뜰의 장난감처럼 작은 장독대를 바라본다. 채 녹지 않은 잔설이 희끗희끗 남은 장독대 위에 놓인 둥글둥글한 고추장, 된장 항아리들을 보면 그 질박함과 넉넉함에 저절로 미소가 지어진다. 그 속에는 80순이 훨씬 넘은 노모가 담근 된장, 고추장이 들어있다.

아파트에서 냄새나는 메주를 띄워서 만든 된장과 햇고추장이 소복이 담겨있는 이 장독을 새벽의 맑은 햇살 아래, 주말이면 석양의 어스름 아래, 캄캄한 밤에는 달빛 아래 바라보는 마음을 부디 누군가 해치지 마시길.

'도둑의 자존심'이 있지, 고추장·된장은 그 옛날 끼니 걱정하던 시대의 장물이 아니겠는가, 그것을 믿는 수밖에 없다.

(2004. 2. 4)

'미안합니다'와 '감사합니다'

지금까지 살면서 내 주위에서 '감사합니다'와 '미안합니다'란 말을 소문나게 잘 하는 사람은 단연 한국 유명 패션 디자이너 앙드레 김이었다.

한국에서 일할 때의 어느 날, 앙드레 김을 일 관계차 자주 대해 온 문화담당 여기자들이 모여 한 이야기가 있다.

"앙드레 김은 유엔 대사 부인이나 패션 담당기자나, 촬영 배경을 위해 드라이아이스 통을 들고 온 종업원이거나 누구에게나 '감사합니다'와 '미안합니다'는 말을 깍듯하게 해. 일을 함께하는 동안 그가 가장 많이 쓰는 말이지."

"그것이 최고 장점인 것 같아. 다른 아쉬운 점을 일시에 제거해 버릴 정도로 사람의 마음을 돌려주거든."

다른 사람 칭찬이나 장점을 이야기 하다보면 나 역시 그렇게 되고 싶다.

더구나 말 한마디를 잘 해서 주위사람에게 겸손하다, 친절하다, 상냥하다는 말을 듣는다면 왜 안하려 들겠는가? 힘 쓸 일도 아니고 더구나 돈 한 푼 안 드는데 말이다. 나 역시 그날 이후 '감사합니다'와 '미안합니다'를 자주 하려고 한다.

자존심, 체면 그런 것 따지면 절대로 입도 안 떼고 싶고 '내가 잘못한 것도 없는데 뭐' 하면 굳이 그럴 필요가 있을 것 같지 않고, '사람이 그럴 수도 있지 굳이 미안하다고 말해야 하나' 하고 망설여지더라도 일단 그 말을 써보면 어렵게 풀릴 일이 의외로 쉽게 풀리는 것을 경험할 수 있다.

그것은 나 자신에게도 마찬가지일 것이다.

상대방이 내게 "정말 본의 아니게 미안하게 됐네." 하면 아무리 섭섭하고 화나는 일이 있었더라도 그 말 한마디에 기분이 서서히 풀려버리지 않던가.

물론 미국에 살면서 자동차 사고를 비롯 다른 안전사고 등에서는 절대로 타인종 앞에서 '미안합니다'는 말을 먼저 하지 말 것을 주위에서 충고하고 있다. 그것은 이 사고는 내가 책임지겠다는 뜻으로 물질적 보상을 다하겠다고 받아들여진다는 것이다.

만일, 지금 내 주위에서 감정이 상하거나 오해가 있어 자칫 분쟁으로 번질 가능성이 있다면 시간 끌지 말고 먼저 '미안하다'고 사과하자. 은혜와 감사의 계절이라는 연말연시 아닌가.

감사와 사랑을 전하는 연말연시, 반드시 물질로만 전하려고 하지 말자. 주머니가 가볍고 형편도 어려운데 굳이 선물로 하려들면 누군

하고 누군 안 할 수도 없고, 싸구려도 할 수도 형편에 넘치게 할 수도 없으니 이래저래 부담스럽다.

그러나 가장 확실한 방법은 이 해가 가기 전에 얼굴 한 번 보여주는 것이다.

어렵더라도 시간을 내어, 점심이나 저녁 먹을 시간이 안 된다면 따스한 김이 오르는 차 한 잔 앞에 놓고 마주앉아, 두 눈 마주치며 담소를, 상대에 따라서는 다정스레 두 손 맞잡고 지난 1년간 보살펴 준 후의에 '그때 정말 잘해주었다, 내게 큰 위로가 되었다'며 감사의 뜻을 전하자.

정이 모자랐거나 사이가 소원했다면 따뜻한 체온이 오가는 손을 맞잡고 '그동안 나로 인해 받은 상처에 대해 정말 미안하다'고 사과하자.

이처럼 지난 1년간 마음속에는 있지만 쑥스럽고 면구스럽고 남부끄러워 못했던 말, 가슴속에 품었던 말을 이 해가 가기 전에 꺼내어 '감사합니다', '미안합니다' 하고 말해보자.

그래도 못다 한 말이 남지 않도록 신세진 분, 고마운 사람, 사랑하는 이에게 확실한 말을 남기자. 이 해가 얼마 남지 않았다.

(2001. 12)

인공눈물

얼마 전부터 눈에 먼지가 들어간 것같이 불편하고 빽빽하며 자꾸 당기는 것 같아 안과에 갔더니 '안구건조증'이라고 한다.

오래전 한국 영화의 여주인공이 약국에 가서 통증을 호소하자 "안구건조증이군요." 하는 약사의 무심한 한마디 말이 참으로 새롭게 들렸는데, 눈물이 모자란다는 그 안구건조증이라니.

나이가 들면서, 여성일수록, 컴퓨터 장기 사용자, 이 세 가지 해당사항에 속한 내게 의사는, 별로 심하진 않지만 눈물이 부족해서 생기는 현상이므로 눈이 불편하다고 느껴지면 인공눈물을 보충해 주라고 한다.

그래서 방부제가 들지 않은 인체에 무해한 인공눈물 한 방울을 눈에 넣었더니 건조한 눈이 금세 괜찮아지고 사물이 더욱 똑똑히 보이는 것 같다.

그래도 '만들어진', '가짜'인 눈물이 싫어 억지로 슬픈 일을 생각하고 눈물 한 방울을 흘려볼까 했지만 아무리 노력해도 감정은 맹숭맹숭하니 힘 주는 눈만 아프다.

사실, 나이가 들수록 별로 울어본 적이 없는 것 같다.

물론 지난 가을, 본국민은 물론 뉴욕의 한인들은 남북 이산가족들이 푸른 청춘에 헤어져 주름진 노년에 꿈결처럼 잠시 만났다 헤어지는 것을 보며 함께 울었다. 그 눈물은 50년 못난 역사에 대한 분노와 허망의, 가슴 아픈 눈물이었다.

또한 한인들은 비극적 사랑을 담은 한국 드라마를 보고 펑펑 울다가 다음날 아침 눈이 퉁퉁 부운 채 일하러 나가기도 한다. 허구의 내용을 보고 눈물을 흘리다 자신의 이민 설움이 복받쳐 통곡했다는 이도 있었다.

그러나 그 눈물들은 울어도 시원치 않은, 해결된 것이 없는 눈물이다.

연말이면 한 해를 마감하는 통과의례처럼 불우이웃을 돕자, 소외된 자들의 처지를 돌아보자고 다들 외친다. 작은 힘을 모아 이웃을 돕는 사람들도 제법 있다.

그러나 아무리 이러한 기사가, 미담이 실려도 정작 대다수 한인들은 무감동, 무감각하여 별 반응이 없는 것 같다.

아무리 도와도 가난한 사람은 항상 있으니까, 고작 몇 끼니 해결된 것뿐일 테니, 매사 별 반응을 보이지 않는 것이다.

아무래도 한인사회에도 '인공눈물'이 필요한 것 같다.

두 단체에서 서로 행사의 주도권을 잡겠다고 싸우고, 같은 동포

끼리 네일가게, 신발가게가 바로 옆에, 앞에 생겨 과열경쟁을 불러일으키고, 돈 좀 있다고 가난한 사람을 업신여기고, 모이기만 하면 남 흉보고 돈내기 게임을 하는 등 우리들의 가슴에서 사막의 모래바람 소리가 들리는 것은 아닌지.

그것은 이민생활을 열심히, 치열하게, 필사적으로 산다는 것만으로 용서 되는 것은 아니다.

상대방이 야속할 때, 배신감을 느낄 때, 내 맘 같지 않을 때면 슬픔을, 눈물을 떠올리자.

위세당당한 상대방의 뒷모습에서 쓸쓸함을, 성내게 한 자에게 연민의 마음을 갖기 시작하면 아옹다옹 평생 살아야 하는 사람의 삶 자체가 불쌍하게 여겨져 지금까지의 분노와 욕심이 스르르 사라져 버린다.

또한 할렘, 브루클린, 브롱스, 퀸즈, 롱아일랜드 구석구석 어디서나 마주치는 세탁소, 생선가게, 네일가게를 하는 한인들이 본국에서 비행기를 타고 존 에프 케네디 공항으로 오며 속으로 흘린 눈물, 그 흔적 없는 눈물의 의미를 떠올리자.

울래야 우는 것이 아닌 저절로 눈물이 주르륵 흘러내리는, 울고 나면 속이 다 풀리는 시원한 눈물은 사랑과 미움, 갈등 그러한 것들을 아무런 무게가 없게 만들어 버린다.

해결책 없이 얽히고설킨 채 이 해를 보내지 말고 한인들의 삭막한 가슴마다 인공눈물 한 방울이라도 떨어트려 서로의 관계를 촉촉하게 해소시키자.

(2001. 12.)

어머니의 손맛

이민 1세들에게는 추석이나 설날, 아니면 생일이나 잔칫날이 되어야만 맛있는 음식을 양껏 먹을 수 있었던 시절이 있었다.

거의 모든 살림살이가 어려웠던 그 옛날에는 먹고 싶은 것이 있다 하여 금방 사먹을 만큼 물자도 풍부하지 못해 한여름 과일을 겨울에 먹기는 그야말로 하늘의 별 따기였다.

설날이 다가오면서 나는 서울 친정에서 차례를 지낸 후 모든 친족들이 나누어 먹던 비빔밥이 너무도 먹고 싶다. 김이 오르는 하얀 밥이 담긴 대접 위에 무나물, 시금치, 미역 등 각종 나물을 올린 다음 깨소금 간장에 비벼서 소고기와 무・두부를 잘게 깍둑썰기 하여 만든 탕국과 함께 먹고 싶다.

기제사 때는 자다가 일어나서도 달게 한 그릇을 다 먹고 거뜬하게 소화시켰던 그 비빔밥을 먹어본 지 참으로 오래 되었다. 기제사나 명절에 맞춰 한국에 가기가 쉽지 않으니, 또 똑같은 음식이라도 이곳에서 만들어 먹으면 맛이 전혀 다르다.

나이가 들면서 어려서 먹던 음식이 자꾸 먹고 싶다.

작년 여름 한국에 갔을 때는 가자미 넣은 미역국을 먹고 싶어 부산 해운대 일대 식당을 다 뒤졌어도 찾지 못했다. 시원한 국물에 새하얀 가자미 살이 입에서 스르르 녹는 맛을 못내 아쉬워하자 올케가 가락동 수산시장에서 가자미를 못 구해 대신 광어를 사다가 국을 끓여주었다.

비린내가 전혀 나지 않게 온갖 정성을 다하여 끓여주었으나 생선 살이 조금 두꺼웠고 미역이 좀 거칠었다.

또한 새벽이면 재첩국 대야를 이고 동네마다 돌아다니며 "재첩국 사이소, 재첩국 사이소."를 통통 튀는 목소리로 외치던 아주머니가 있었다. 가늘고 연한 부추를 잘게 썰어 국에 띄워 먹으면 손톱크기만한 재첩 알맹이가 혀에 달큼하게 씹혔다.

뽀얀 그 국물 맛을 잊을 수가 없어 한인마켓에서 파는 포장용 재첩국을 자꾸만 사먹어 보지만 깊은 강물 냄새가 날 듯 말 듯, 미적지근한 그 맛은 늘 후회하게 만든다.

추어탕 맛은 또 어떤가.

가끔 소금 뿌린 미꾸라지를 덮어씌운 양재기를 힘껏 누르는 일이 어린 내게 주어졌다. 양재기 위로 탁탁 온몸을 부딪쳐오는 미꾸라지의 움직임이 전해지면 싫으면서도 몹시 간지럽던 그 감촉!

폭 고아진 미꾸라지의 뼈와 껍질은 체에 걸러지고 살만 남아 고추장, 된장으로 간맞추고 호박잎, 시래기 배추, 갓채 등을 잔뜩 넣어 얼큰하게 끓인 다음 매운 산초가루를 듬뿍 쳐서 땀을 뻘뻘 흘리며 먹으면 그 개운한 맛이 최고였다.

뉴욕에 와서 추어탕집을 찾아가 먹어보지만 "이 맛은 아니야." 하고 번번이 고개를 젓는다. 지방마다, 사람마다 조리법이 다르다보니 내 입맛에는 그저 톱밥 같이 텁텁하기만 하다. 음식은 또 같은 재료, 같은 조리법이라도 주부의 손맛에 따라 다르다.

사회생활을 시작하면서 맛있다고 소문난 집을 순례하던 화려한 맛의 시기를 지나 지금은 무조건 어렸을 때 먹어본 맛이 제일이다.

엄마가 만들어 주던, 육개장도 아니고 무국도 아닌 국물이 달고도 시원한 소고기국, 밥맛을 잃었을 때 금방 입맛을 돌려주던 콩죽, 찹쌀과 멥쌀을 넣어 푹 퍼지게 쑨 닭죽 등등 나는 그 맛을 되살려 보려고 기를 써보지만 도무지 비슷하지도 않다.

요즘 아이들도 훗날 엄마가 만들어 주던 음식 맛이 최고라고 할까?

그러나 주부라고 음식 솜씨가 다 있는 것도 아니고, 주말 아이들 식사는 패스트푸드로 때우는 엄마들이 많지 않은가. 물론 나도 마찬가지인 것이 아이들이 내가 해준 음식을 먹고 맛있다고 한 적이 별로 없는 것 같다. 오히려 아이들 고모나 할머니가 해주는 감자전, 칼국수, 탕수육, 김치전 등의 음식에 밀리고 있다.

그래도 내게는 아직은, 아마 앞으로도, 어떤 일류 음식점 요리보다 친정 엄마가 어려서 해준 음식 맛이 최고일 것이다.

갑자기 엄마가 돌아가신 후 이제는 엄마가 해주던 그 맛있는 음식을 먹을 수가 없겠구나 싶어 더욱 서러웠다면 나는 불효자 맞죠?

(2001. 2. 4)

편 지

처음엔 문 뒤에 불이 붙었나 했다. 그러나 금방 노을임을 알았다.

노을이 내리기 시작하며 온 동네가 붉게 젖어가는가 했더니 설핏 붉은기가 사라지며 검은 장막이 쳐졌다.

요즘 같은 겨울에는 잠시 붉은 얼굴을 보여주었다가 스러져 버려 그 아슬아슬함이 더욱 극치미를 준다.

석양이 비칠 때 뉴저지 방향으로 조지 워싱턴 브리지를 건너는 일, 루즈벨트 섬에서 건너편 빌딩 유리창에 반사되는 노을을 바라보는 일, 막 가로등이 켜지는 시각 맨해튼 방향 톨 부스 앞에서 노을 진 하늘을 바라볼 때, 나는 내가 나 아닌 것 같다.

노을은 나를 입 다물게 하고 정신을 앗아가 버린다. 우리 집 베란다에서 바라보는 노을이 너무 몽환적일 때 황황히 창을 닫고 자물쇠까지 채우기도 한다.

노을을 바라보며 마음이 복받쳐 오르는 것은, 사무치는 것은 유한한 인생이 보이기 때문이다.

마지막 붉은 빛을 발한 후 스러져 가는 인간의 삶, 노년기에 느끼는 허무, 쓸쓸함, 비애, 미련, 이 모든 것을 받아들여 제 몸을 태워 용해시킨 관용과 화해, 너그러움을 느끼기 때문이다.

내게는 가끔 안부 전화를 해주고 편지를 보내주시는 80대, 90대 할머니, 할아버지가 있다. 그들은 아주 옛날부터 개인적으로 알았거나 4~5년 전 취재를 하다가 알게 된 분들이다.

어깨가 나날이 굽어져 가면서도 손수 김치를 담그시는 84세 된 시어머니, 튜브로 음식을 공급받는 형편이면서도 입양아의 친부모를 찾아주려고 애쓰는 87세 홍 할머니, 매주 5일 골프를 치며 운전도 하는 96세 최 박사님, 늙은 모습 보이기 싫다고 방문은 사절하나 늘 예쁘게 단장하고 계신 96세 김 할머니, 그리고 멀리 한국의 산사에서 집필 생활을 하고 있는 고교 은사 김 선생님, 그 외에도 여러분이 젊은 나를 챙겨주신다.

무려 40년 정도가 아래인 나는 연말연시에 '카드 보내야지', '연하장 보내야지' 생각만 하고 말았는데 노년기를 붉은 노을로 아름답게 장식하고 있는 이분들은 전화를 하시거나 카드를 보내주셔 나를 송구스럽게 했다.

인터넷이 발달하다보니 쓰자마자 곧 배달되는 이메일에 익숙하여 우체국에 가서 우표를 사서 붙이는 재래식 방법은 도통 사용하지 않고 있다. 그렇다고 해서 아무리 좋은 내용의 이메일이라도 그것을 복사하여 보관하게 되지는 않는다.

일정기간 보관했다가 메일이 가득 차면 클릭 한 번으로 지워버리니 나중에는 안부 편지가 왔었던가? 안 왔었던가? 기억조차 흐릿하다.

나 역시 이메일보다는 직접 손으로 쓴 카드 받는 것을 좋아하면서, 편지가 오면 가방 속에 넣고 다니며 약속 시간이 남았을 때, 버스나 전철 안에서 보고 또 보면서도 나는 정작 못쓰고 있는 것이다.

이번 주말에는 예쁜 카드와 편지지를 사다가 내가 가진 가장 좋은 펜으로 정성을 다한 편지를 써야겠다. 멀리는 수십 년, 짧게는 일주일 동안 만나지 못했던 이분들이 아마도 지상에서 받는 마지막 편지일지도 모른다.

이미 돌아가신 분에게는 편지를 보낼 수가 없다. 보내는 것은 할 수 있겠지만 받아서 읽을 수가 없다. 지금 살아 계신 분이라고 그저 '잘 계시겠거니' 하고 있다가 어느 날 갑자기 놀라운 일을 당한다.

오는 12일은 설날이다. 미국에 오래 살아도 한국에 가족이나 친지가 있는 사람은 음력 설날을 무시할 수 없다.

노부모님이 살아 계실 때 한 번이라도 더 달려가 얼굴을 보여주고 사정이 여의치 못하면 전화로 그리운 목소리라도 한 번 더 들려드리자. 그리고 편지를 써보자. 자녀들도 함께 동참하여 서툰 글씨라도 크고 명확하게 써서 할아버지, 할머니에게 편지를 보내게 하자. 아마 노부모님은 자녀의 손길이 닿은 편지라고 네 귀퉁이가 닳도록 품안에 넣고 다니며 읽고 또 읽을 것이다.

이번 주말에는 노을 지는 창가에서 오랫동안 미루어왔던 편지를 써야겠다.

(2001. 1.)

산다는 것은

한국전 기념일이 다가오면서 코리아 소사이어티와 조지타운 대는 기념 컨퍼런스를 마련하고 있고 한미양국은 국방부 주최로 기념식을 비롯, 각종 기념행사를 개최할 준비를 하고 있다. 의회의 승인을 받은 이 기념식은 참전용사와 가족, 친척을 잃은 사람들을 기리기 위한 것이라고 한다.

오래전에 루레이 동굴을 관광하면서 자연의 오묘한 절경 속에 입을 다물지 못하다가 어두컴컴한 지하 통로에서 만난 기념비에서 한국전쟁 사망자의 명단을 읽은 적이 있다. 짙푸른 수목과 탁 트인 시야 등 싱그러운 자연 속에 태어나 평화로운 어린 시절을 보내고 씩씩한 청년이 되어 생전처음 이름을 들어본 저 먼 동양의 한 나라를 위해 떠났던 그들, 죽음으로써 영원한 젊음을 얻은 그 청년들의 이름을 손으로 확인해보며 참으로 미안하다는 생각을 했었다.

얼마 전에는 예일대를 갔다가 컬리지 스트릿 변에 서 있는 메모리얼관(To the man of Yale)에서 한국전에서 사망한 재학생 혹은 졸업생의 이름을 보았다. 수많은 학생들이 오가는 통로의 대리석 벽면 한쪽에 'Korea War Veterans/ 1950~1953'라고 맨 꼭대기에 새겨져있는 아래로 20명 이상의 이름과 사망연월일, 장소가 명기되어 있었다.

미국 최고 명문대의 건물에서 발견한, 내게 낯익은 장소인 서울 부근, 소양강, 원주 남쪽, 단양 등 격전지명은 꽃다운 청춘들의 짧은 삶을 돌아보게 했다. 적의 총탄이 육신을 파고들 때 대리석 건물의 육중한 문고리, 환한 봄날의 캠퍼스에서 친구들과 하얗게 웃던 광경이 스쳐지나갔을까? 캠퍼스의 추억을 마지막으로 자신의 살아있는 생을 눈감았을 그들.

죽어서 모교의 이름을 빛낸 명예는 얻었지만 1950년 6월 27일 해리 트루먼 대통령의 명령에 따라 전쟁터로 갔던 5만 명 이상의 전사자, 그들의 빛나는 청춘은 어디로 실종되었는가?

산다는 것이 울퉁불퉁하고 얼룩덜룩하기 이를 데 없지만 그냥 저냥 남들처럼 평범하게 결혼하고 아이 낳아 키우고 범부처럼 살고 싶지 않았을까, 그들은.

언젠가는 누구나 죽어야 하지만 더 살아야 할 사람이 일찍 가면 가슴이 아프다. 오죽하면 '개똥밭을 굴러도 이승이 좋다'는 말까지 있을까. 주위에 아는 사람이 죽으면 무조건 안됐다는 생각부터 든다.

천수를 누린 사람은 그래도 좀 더 살 수 있었는데, 병들어 죽었으면 반신불수라도 살아만 있다면, 젊은 사람이라면 아이들이 학교만 졸업했어도, 60세 전이라면 아이들 결혼이라도 시켰더라면, 고생만 지지리 하던 사람이라면 이제 살만 하니까 등등 인생의 섭리인 나고 죽는 것이 아무리 자연스러운 것이라도 해도 평범한 사람들인 우리는 보낼 때마다 섭섭하고 애통하고 가슴이 저리다.

가까운 친지 중에 이번에 아이비리그 대학에 입학한 아이가 있다. 부모의 기쁨은 대단했는데 작년 여름 그 아이는 유대인 베스트 프렌드를 교통사고로 땅에 묻고 충격이 대단해 공부 이전에 아이가 마음을 상하지 않을까 걱정하던 차였다.

그 아이는 학교에서 발행한 뉴스레터에 친구를 잃은 슬픔을 이렇게 남겼다.

> 너는 수요일 저녁이면 매일 저녁 내게 전화를 해 내일 대수시간은 정말 싫어, 그래서 학교 가기가 싫어하는 걸로 얘기를 시작, 이런 저런 대화로 한참동안 통화를 했었지. 수요일 저녁이면 공부를 하다가 전화벨이 울린 것 같아 습관적으로 고개를 돌리지만 너의 목소리를 들을 수가 없어 네가 정말 떠났다는 것을 확인해.
>
> 내가 부모님을 따라 이민을 오고 전학 간 학교에서 너는 내게 처음으로 "하이" 하고 반갑게 말을 붙여주었지. 함께 영화를 보러 가고 어떤 말도 터놓을 수 있게 사귀면서 졸업도 함께하고 대학도 함께 가고 싶었어. 결혼을 하면 아이들의 사진을 교환하며 그렇게 살아갈 줄 알았는데, 너는 없구나.

산다는 것은 이처럼 아이들의 사진을 돌려보고 교환하며 물처럼 흘러가다가 손자 손녀가 커 가는 재롱을 지켜보며 천천히 자연 속으로 스러져 가는 것, 주머니가 넉넉하진 못해도 넘치는 햇빛과 공기, 작은 들꽃 하나에도 감사함을 느끼면서 평범한 일상사를 지워나가는 것, 그런 것일지도 모른다.

(2001. 7. 25)

아듀, 레드버드

뉴욕시 명물로 수백만 뉴요커를 실어 나르던 붉은색 7번 전철이 완전히 사라졌다.

한인을 비롯 이민자들이 가장 많이 사용하는 7번 전철 중 1950년대와 1960년대에 만들어져 40년 이상 서민들의 발이 되었던 붉은색 객차가 노후화에 따라 지난 3일을 기해 운행을 마치고 영원한 휴식처인 대서양에 수장되는 것이다.

플러싱 메인 스트릿에서 맨해튼 타임스퀘어까지 지상과 지하를 넘나들며 쉼없이 달리던 이 객차들은 인공 암초 형성을 위해 제 몸을 바친다.

평시에는 로칼로, 러시아워에는 익스프레스로 운행되는 이 전철은 한인, 중국인 밀집지역인 플러싱에서 많은 동양인을 태우고 달린다 하여 '오리엔탈 익스프레스'라고도 불리었고 차체에 칠해진 붉은색으로 인해 '레드버드(Red Bird)'라고도 불리었다.

원래 파랑색이었으나 낙서 방지 및 1964년 플러싱 메도우 코로나 파크에서 열린 세계박람회를 기념하기 위해 붉은색으로 바뀌었다.

이 객차의 출발지인 플러싱은 한인들이 다수 모여 사는 지역이라 이민 초창기 시절 수많은 한인들이 이것을 타고 일하러 나갔었다.

한겨울이면 컴컴한 신새벽에 집을 나서 아직 문을 열지 않은 가게 앞을 지나 메인 스트릿 역에서 덜컹거리는 차체에 몸을 싣고 가다보면 플러싱 벌판으로 희미하게 밝아오는 새벽을 맞기도 했다. 살기에 바빠 계절이 오가는 것도 미처 못 느끼다가 어느 날 갑자기 나무의 가지에 새파란 순이 막 움트는 것을 보고 봄이 왔음을 알았다. 입김이 허옇게 나오는 한겨울이면 연착과 정차를 수시로 해 출근자들이 무더기로 지각 사태를 빚게 만들기도 했다.

붉은색의 육중한 차체가 안정감을 주어 일단 타면 목적지까지 거대한 자가용에 탄 것처럼 편안한 상태로 멍청하니 앉아있기도 하고 끝없는 상념에 빠지기도 하며 참으로 고맙게 이용해 왔는데 이제 맡은 바 소임을 다하고 역사 속으로 사라졌다.

불법체류자로 아메리칸 드림을 이루고자 밤낮없이 일하는 이민자들은 고국의 부모님 사망 소식에도 가볼 꿈도 못꾸고 일터로 나가면서 한바탕 눈물바람을 하기도 했다.

이민생활이 정말로 만만치가 않아 사는 것이 힘들어 한숨을 내쉬고 속을 태우기도 하는 등 이민자의 각종 애환이 스며있기도 하다.

플러싱에 사는 나 역시 지금은 차를 갖고 다니지만 미국에 온 첫해부터 10년 이상 이 붉은색 전철을 타고 다녔다.

10칸 정도의 기나긴 객차 어딘들 안 앉아보았으며 어느 손잡이엔들 내 손때가 묻지 않았을까.

봄 여름 가을 겨울 4계절을 10번 이상 이 전철에서 맞고 보낸 나는 특히 잊을 수 없는 것이 뉴욕에 온 지 한 달 만에 이력서를 들고 생전처음 이 7번 전철을 탔을 때다.

퀸즈 보로 플라자역 인근의 한국일보사에 가기 위해 플러싱 메인 스트릿 종점에서 아장 아장 걷는 갓 두 돌 지난 아이의 손을 잡고 전철을 탔다.

지하역에서 출발한 객차가 컴컴한 굴로 들어가더니 덜커덩 거리는 차량의 움직임에 따라 몇 초간 불이 껌뻑껌뻑 들어왔다 나갔다. 어두운 차창 밖 모습이 보였다 안보였다 해 마치 환시 같아 겁이 더럭 나서 아이의 손을 꼭 잡았던 기억이 지금도 새롭다. 그 아이가 지금 대학을 가려고 입시 원서를 준비 중이다.

그리고 미국 온 지 3년 된 어느 겨울날, 친정아버지가 위독하다는 소식을 접하고 1주일간 한국 나갈 준비를 하며 출퇴근길 전철 안에서 빈 하늘을 바라보며 눈물을 질금거렸던 기억은 잊을 수가 없다.

아내를 몇 년 전 먼저 보내고 외로이 살던 아버지는 김포공항까지 배웅을 나오셔서 가서 잘 살라고 웃으면서 손을 흔들어주셨다.

그때나 지금이나 사는 게 힘든 것은 마찬가지인데 3년 동안 무엇이 겁나고 무엇이 그리 모자랐기에 단 한 번도 서울 쪽을 쳐다보지도 않았을까?

스쳐 지나가는 넓은 플러싱 벌판과 그 위의 텅 빈 하늘을 보며 가슴이 미어지던 그 기억은 이 붉은색 전철과 함께 내 삶의 한 페이지를 장식했다.

이제 그 가쁜 숨을 멈추고 영원한 안식처로 간 레드버드여, 아듀!

(2003. 11. 7)

*퀸즈에서 지상으로 운행되던 이 레드 버드는 2003년 11월 대서양에 묻히고 현재 은회색으로 빛나는 스테인리스 열차가 퀸즈와 맨해튼을 오가며 이민자들을 실어 나르고 있다.

4장

황금 변기

뉴욕에 살면서 문화부 기자와 데스크를 하면서 세계 최고의 인물, 전시회, 콘서트 등을 대할 기회가 많았다. 책, 영화를 통한 간접경험도 소중했다. 저녁은 굶어도 구경은 놓치지 않는 호기심과 재미를 찾아 문화 현장에서 보고 느낀 칼럼이다.

소로의 오두막

지난 주말 보스턴의 조카를 보러 간 길에 헨리 데이비드 소로(Henry David Thoreau, 1817~62)의 오두막을 찾아갔다. 오래전 소로의 저서 「월든(WALDEN)」을 읽었을 때부터 꼭 한번 가고 싶었다.

보스턴 시내에서 30분 거리에 있는 콩코드 월든 호수는 책에서 읽던 것과는 많이 다르게 인공적으로 정비되었고 소로가 살던 집을 재현한 오두막이 월든 호수 주차장 옆에 설치되어 있었다.

집터를 찾아가는 길은 호숫가를 따라 나뭇잎이 삭아 가루가 된 오솔길을 15분 정도 걸어 들어갔고 호수에서 2, 30야드 떨어진 언덕 위에 길이 15피트, 넓이 10피트로 네 평 남짓한 공간이 말뚝으로 표시되어 있었다. 집터 안에 벽난로 밑돌이 놓여있고 집터 왼쪽으로 돌무덤이 있었다.

나무가 우거진 호수일 거라는 기대와는 달리 수영을 하고 낚시를 하는 사람들이 있었는데 매사추세추 주정부가 주립보존공원으로 지정하고 소로학회를 비롯한 민간단체들이 공원의 훼손을 막기 위해 온갖 노력을 다하고 있다고 한다.

소로는 침대, 책상, 의자 셋, 스튜용 냄비, 프라이팬 나이프와 포크, 컵, 스푼으로 소지품이 단출 했는데 의자 셋은 왜 필요했을까? 하나는 고독을 위한 의자, 둘은 우정을 위한 의자, 셋은 친교를 위한 의자였다는데 손님이 찾아오면 세 번째 의자를 내줬지만 대부분은 서서 대화를 했다고 한다.

그는 자신의 노임을 빼고 판자와 창문, 벽돌, 못, 경첩과 나사 등에 28달러 12센트 남짓으로 집을 지었다. 당시 하버드 대학에서 그 방보다 조금 더 큰 방 하나에 방세로 매년 30달러를 내었다. 집 근처에 호두, 감자와 옥수수, 완두콩과 순무를 심어 2년간 농사를 지었고 팔기도 했으며 이스트를 넣지 않은 호밀가루 빵, 감자, 쌀, 소량의 돼지고기와 소금을 먹고 살았다.

소로는 하버드대 졸업생으로 하버드대 교수인 랄프 왈도 에머슨 소유의 땅에 집을 지었다. 그 두 사람은 대중보다는 개인을, 이성보다는 감성을, 인간보다는 자연을 예찬했다. 소박한 삶을 권면하는 지침서 '월든'을 읽은 순례자들이 매년 60만 명 이상 이곳을 찾아온다고 한다.

살아가는데 필요한 최소한의 것만 갖춰 놓고 깊이 있는 삶을 살고자 한 소로의 오두막에 가보니 그만 하면 혼자 살기에 충분했다. 양쪽으로 유리창이 있어 숲이 보이고 벽난로가 있어 음식도 해먹을 수 있었다. 그 정도면 소로가 산 2년 2개월 2일이 아니라 그 이상도 살 것 같았다.

소로는 1845년 7월 4일, 독립기념일에 월든 오두막으로 입주했다. 미국의 프론티어 정신에 갇혀 껍데기만 남은 미국 사회를 반성하여 월든 호숫가로 들어갔다는 점에서 오두막은 상징성이 깊다.

이 지역 콩코드는 1635년 매사추세츠 만에 정착한 영국의 이주민들이 내륙 쪽에 건설한 첫 정착마을이다. 그리고 1775년 4월19일 콩코드 강을 가로지르는 노스브리지에서 식민지의 민병대와 영국 주둔군이 충돌하면서 독립전쟁이 발발했다. 콩코드는 에머슨이 '콩코드 송가'에 쓴 그대로 전 세계에 울려 퍼진 첫 총성의 무대로 미국의 건국과 함께 역사적 명소이기도 하다.

올해로 탄생 200년을 맞이한 소로의 집에 갔다 온 이후 짐정리를 하고 있다. 집에서나 직장에서나 매일 버리고 있다. 단순하게 살라고 하는데, 백 가지 천 가지 일을 두 가지나 세 가지로 줄이라고 하는데 이 나이에 그게 얼마나 힘든 일인지.

소로도 그랬다. "진정한 독서를 하기에 적당한 곳이나 여름내 책상 위에 호머의 「일리아스」를 놓아두었지만 가끔 읽곤 했다. 집도 마저 지어야 했고 콩밭에서 잡초를 뽑아야 했고 그러면서도 앞으로 책을 읽을 수 있으리라는 희망을 품었다."고 말이다.

그에게서 매일 자연 그 자체만큼 소박하게, 순수하게 살라는 권유를 들었고 고마움에 집터 옆돌 무덤에 돌 하나를 얹어놓았다. 사람들은 그에게 존경을 표하는 마음에서 그랬다지만 나는 새로운 소원 하나도 같이 얹었다. (2017. 6. 17)

이게 영화다, 나라다

아스토리아, 영화의 거리에 있는 극장에서 뮤지컬영화 '라라랜드(La La Land)를 보았다. La 워너브라더스 스튜디오 카페에서 일하는 배우지망생 엠마 스톤(미아 역)과 정통 재즈를 연주할 수 있는 재즈클럽을 갖는 게 꿈인 라이언 고슬링(세바스찬 역), 둘은 꿈을 향해 끊임없이 노력한다.

미아는 수없이 오디션에 떨어지고 세바스찬은 먹고 살기 위해서 힙합 재즈밴드에서 연주하지만 그들은 노력하고 좌절하는 그때가 인생의 가장 빛나는 순간이라는 것을 알지 못한다.

보랏빛 황혼 아래 탭댄스를 추는 남녀.

뒤늦게 극장으로 달려간 여자, 객석의 남자를 찾기 위해 스크린 앞에 서는데 스크린에서는 '이유 없는 반항'이 상영되고 있다. 첫 키스를 하려는 순간 갑자기 필름이 타버리고 상영이 중단되자 여자는 좋은 생각이 있다고 한다. 그리피스 천문대로 올라가 인공 별자리를 작동하는데 갑자기 손수건이 그들 사이로 날아올라가고 그들도 하늘로 날아올라 은하수를 배경으로 왈츠 음악에 맞춰 춤을 춘다. 영화 속으로 들어간 것이다.

5년 후, 미아는 헐리웃 스타가 되고 세바스찬은 자신의 꿈이던 재즈바를 운영하며 살고 있는데 어느 날 재즈바에서 그들은 마주친다. 여자는 꿈을 이루기 위해 파리로 떠났고, 남자는 그대로 남아 계획된 것을 하였기에, 비록 영영 헤어졌지만 서로를 깊이 이해한다.

영화는 해피엔딩이 아닌 새드엔딩이기에 지난 청춘의 꿈은 더욱 애틋하고 아름답다. 화려하나 촌스런 알록달록한 색으로 연출된 도시와 거리, 고속도로, 영화거리, 복고풍 장식, 미아와 세바스찬의 환상 속 인생 등등 영화 속으로 사람들을 끌어들여 꿈처럼 흘러가는 장면들이 압권이다.

'라라랜드' 마지막 자막이 올라가며 처음 한 말이 "이게 바로 영화다."였다. '영화는 여전히 관객에게 꿈이네.'를 느꼈다.

1월 20일, 도널드 트럼프 새대통령이 취임했다. 대선기간 동안 숱한 인종차별적인 발언을 쏟아냈음에도 불구하고 '미국을 다시 위대하게' 캠페인으로 대통령에 당선됐다. 그가 앞으로 이끌어갈 미국에 살면서 4년 후 '이게 나라지.' 하는 말을 하고 싶다.

북부는 남북전쟁(1861~1865)을 승리로 끝낸 다음 남부에 포용적 재건정책을 펼쳐 1877년 진정한 하나의 미국으로 대통합을 이루었다. 140년 후인 지금, 트럼프 대통령 역시 자신을 반대하는 시위자, 테러국 출신 무슬림, 불법체류자에 대한 대선 당시의 생각이 바꿔어 포용 정책을 펼치기 바란다.

1776년 7월 4일 13개 식민지 대표들이 영국으로부터 독립을 선언한 독립선언서 2장에 "…모든 사람은 평등하게 태어났으며 창조주는 몇 개의 양도할 수 없는 권리를 부여했으며, 그 권리 중에는 생명과 자유와 행복의 추구가 있다."고 되어있다.

건국 이래 미국인들은 이런 사상을 진전시키며 자유를 꿈꾸는 사람들에게 희망의 나라가 되어왔다. 하지만 오늘의 미국은 어떤가? 독립선언서의 내용이 실현되기를 기대한다. 그러기 위해서는 '내가 나라다' 하는 주인의식이 필요하다.

트럼프 대통령을 포함해 억만장자들이 밀집된 내각이 권력을 사유화 하는 것은 아닌지 지켜보고 세계각지에 호텔과 골프장을 운영하는 트럼프 그룹이 권력을 이용해 사익을 취하는 것은 아닌지 관심을 갖고 지켜보아야 한다.

모든 것을 공직자윤리기구나 언론에만 맡기지 말고 이런 '불확실성의 시대'일수록 성숙된 시민의식이 필요하다. 유권자로서의 권리와 의무를 소홀히 하지 말고 시민단체, 인권단체, 이민자 커뮤니티 등을 통해 불편부당, 불합리를 바로 잡아 나가야 4년 후에 '이게 나라다' 할 수 있다.

그래도 미국은 다른 곳에 비해 천혜의 자연환경, 안정된 정치, 탄탄한 경제, 청교도 정신을 근간으로 자원봉사와 기부문화가 자리 잡은 나라다. 한인 이민자 중 나름 성공한 사람들을 보면 한국에서 엄청난 재산을 가져온 것도 명문대 출신도 아니지만 근면과 성실로 밤잠 줄여가며 장사를 하여 부를 일군 사람들이 제법 있다. 기회가 있는 것이다.

'이게 영화냐?', '이게 나라냐?' 하는 것은 만인의 비웃음과 조롱을 대변하지만 '이게 나라다' 할 수 있을 때 이 나라 국민인 것이 자랑스럽고 세계인의 부러움까지 사게 된다.

(2017. 1. 27.)

밥 딜런, 거부하라

올해 노벨문학상 수상자로 결정된 밥 딜런(75)이 수상자가 발표된 당일에 라스베가스에서 열린 콘서트에서 예정된 공연을 치렀다. 관객들이 "노벨상 수상자"를 연호해도 일체 노벨상에 대해 언급이 없더니 수상 결정이후 연락이 두절되어 스웨덴 한림원을 애태우고 있다고 한다.

한림원은 사실상 딜런과의 연락을 포기했다고 밝혔고 오는 12월 10일 스톡홀름에서 열리는 시상식에 나타나지 않을 수도 있다는 관측이 나오고 있는데 이참에 밥 딜런이 조용히 노벨문학상을 거부했으면 한다.

그동안 노벨상 거부자는 6명 정도, 대부분 정치적 이유나 외압에서였으나 1964년 철학자 장 폴 사르트르는 본인의 의사로 노벨문학상을 받지 않았다. 그 이후 사르트르는 "노벨상을 받으면 작가 생명이 끝나기 쉽지만 나는 거부했기 때문에 아직까지 살아있는 모양이다."고 말했다.

밥 딜런이 "나는 이미 상을 넘칠 만큼 받았다. 나는 가진 것이 너무나 많다. 이 상은 빈곤하게 살면서도 위대한 작품을 쓰고 있는 문학인들에게 바친다."고 거부하는 용기가 있었으면 싶다.

밥 딜런의 노래 가사는 시적으로 뛰어나 음유시인이라는 찬사를 받았고 60년대 월남전 반전운동과 흑인 민권 운동에서 불리면서 세상을 일깨운 공이 크다. 그의 시와 음악은 연결되어 있다지만 그래도 그는 시인이 아니라 뮤지션이다.

1950년 이후 노벨문학상을 받은 미국 작가는 어니스트 헤밍웨이, 존 스타인벡, 솔 벨로, 아이작 싱어… 1993년 토니 모리슨 이후 23년 만에 노벨문학상을 받았는데 이들 대작가들과 그의 이름을 나란히 써보자, 어울리는가?

그동안 밥 딜런은 그래미상을 11차례나 받았고 골든그로브와 아카데미상까지 뮤지션으로써 유명한 상이란 상은 다 받았다. 그는 여자와 헤어질 때마다 재산이 날아갔지만 해외순회공연을 하면 그 이상으로 재산이 모아졌고 지금 어마어마한 거부이다.

밥 딜런은 이번 노벨상 상금 800만 크로나를 어디에 쓸 것인가? 백만 달러 이상의 돈을 어디엔가 기부한다면 가난한 뮤지션? 극빈자로 사는 문학가? 궁금하다.

이번 일로 노벨문학상의 지평을 넓혔다는데 그다음 노벨문학상 후보 뮤지션은 누가 있을까? 음유시인 레너드 코언, 비틀스 멤버 폴 매카트니, 엘톤 존, 톰 존스, 빌리 조엘… 무수하게 줄 서 있다.

훌륭한 싱어송라이터는 한국에도 있다.

밥 딜런의 초창기 노래인 '바람만이 아는 대답'의 가사를 한번 보자. '사람은 얼마나 많은 길을 걸어야 사람으로 불리울 수 있을까? 얼마나 많은 포탄이 사용돼야 전쟁이 없는 세상이 될까? 친구여, 그 대답은 바람결에 흩날리고 있다네….'

이번에는 한대수의 '바람과 나' 가사를 떠올려보자.

'끝 끝없는 바람 저 험한 산위로 나뭇잎서 불어가는 아 자유의 바람 저 언덕위로 물결같이 춤추던 님 무명무실무감한 님… 나도 님과 같은 인생을 지녀볼래 지녀볼래.'

김민기의 '아침이슬'도 있다. '태양은 묘지 위에 붉게 떠오르고 한낮에 찌는 더위는 나의 시련일지라 나 이제 가노라 저 거친 광야에 서러움 모두 버리고 나 이제 가노라.'

개인적으로는 바람에 물어보는 것에서 한 단계 더 나아가 모든 것에 초월하고 전진한 한대수와 김민기의 가사가 더 좋다.

뮤지션들이 작사 작곡한 노래가 시적, 산문적이라 하여 노벨문학상을 수상하면 문자로 표현하는 시, 소설, 수필, 극작, 논픽션 작가들은 그나마 몇 개 안되는 세계적 문학상을 구경하기도 힘들 것이다.

현재 문학이란 장르가 실종되고 있다지만 문학은 모든 학문의 기초로 고유영역은 보존해주어야 한다. 노벨문학상 후보 1순위는 일본의 무라카미 하루키, 그야말로 하루키가 탄 다음 수년이 흘러야 한국 작가들에게도 기회가 오지 않겠는가.

스웨덴한림원이 밥 딜런에게 상을 주고 싶다면 노벨문화상, 노벨

음악상, 노벨공로상을 신설하든지 기존의 노벨평화상을 주면 되었을 것을 이번에 지나치게 이벤트로 몰고 간 점이 없지 않다. 더불어 가난한 것을 훈장처럼 가슴에 달고 자존심 하나로 살아오는 문학인들이 설 길이 더욱 좁아졌다. (2016. 10. 20)

*밥 딜런은 시상식 불참 논란 이후 약 넉 달 만인 2017년 4월 1일 뒤늦게 스웨덴 스톡홀름 공연을 앞두고 공연장 인근 호텔에서 노벨문학상을 받았다. 스웨덴한림원 관계자 등 소규모 인원만 참여했다.

황금 변기

구겐하임미술관으로 황금 변기를 보러갔다. 아니, 사용해도 된다고 해서 로툰다 5층 유니섹스 화장실 앞에서 줄을 섰는데 30분을 기다려 보니 '여기서부터 한 시간'이란 팻말이 붙어있다.

18K황금으로 만든 수세식 변기는 이태리 조각가이자 행위 예술가인 마우리치오 카텔란(55)의 '아메리카(America)'라는 작품으로 '경제적 불균형'을 상징한다고 한다. 상위 1%의 사치함을 풍자한 황금 변기에 관람객들로 하여 소변도 보고 대변도 보게 만든 것이다.

이 황금 변기를 사용하기 위해 관광객 커플, 노인 부부, 10대 소년을 동반한 패밀리, 혼자 온 20대 여성 등등 다양한 인종과 각각의 개성을 지닌 사람들이 한 시간 이상을 기다리고 있었다.

달팽이처럼 올라가는 로툰다 갤러리는 다음 전시작 설치를 위해 출입이 금지되어 있고 별관 타워 상설 전시관만 열려있어 평소 25달러 입장료가 이 날은 15달러다. 화장실 한 번 사용에 15달러인 셈.

황금으로 만들어진 변기이다 보니 가방에 집어넣어갈까 봐 셀폰 외에 화장실 안에 아무것도 못 들고 가는 것은 물론 사용직후 관리 직원이 들어가 황금 변기가 제대로 있는지를 체크했다. 또 실제로 용변을 볼 수 있게 하다 보니 15분 간격으로 청소원이 세제를 들고 들어가 청소를 했다.

그야말로 '금지옥엽' 변기였다.

'도대체 왜, 무얼 기다리고 있는 거냐'며 동행한 딸의 푸념에 점잖은 척, 뭔가 아는 척하면서 궁색한 말을 거창하게 했다. 속으로는 황금을 탐하는 속물로 보일까 염려하면서.

"마르셀 뒤샹의 '샘' 알지? 남성용 변기 하나를 뉴욕 그랜드 센트럴 갤러리에 가져다 놓았잖아. 그 샘이 미술사에 일으킨 영향은 어마어마했지? 이 황금변기는 그보다 더 진보된 거야. 샘은 보기만 하지만 아메리카는 직접 사용하여 관람객이 작품과 하나가 되잖아. 현대미술사에 우리도 일조하는 거야."

1917년 뉴욕 제1회 앙데팡당 전시회에 뒤샹은 소변기를 '샘(Fountain)'이라 제목을 짓고 R. Mutt(위생기구상 이름)라고 서명하여 출품하자 운영위원들은 경악했다. 결국 변기는 전시회 동안 전시장 칸막이 뒤에 폐기되었으나 뒤샹은 잡지를 통해 반격했다. 평범한 생활용품이 새로운 이름을 얻으면 새로운 개념을 창출해낸다는 것이다.

프랑스 출신 뒤샹(1887~1968)은 1915년 뉴욕에 정착해 살면서 탁자 위에 자전거 바퀴를 거꾸로 매달고 이것도 예술이라고 했다. 이는 '레디메이드(ready-made)'란 용어와 개념으로 정착되어 갔다.

아무도 주목하지 않는 일상의 오브제가 예술가가 선택하면 주목받는 작품이 되니 이는 예술가의 아이디어 덕분이다. '현대미술은 무엇인가'로 큰 반향을 일으킨 이 샘과 레디메이드는 이후 뉴욕 모마에서 전시되며 관람객의 시선을 끌었다. 붓과 캔버스, 물감 대신 일상의 물건이 미술 소재가 될 수 있고 이 물건들은 누구에게나 원래 기능이 아닌 전혀 새로운 이미지로 받아들여진 것이다.

대중과 예술의 경계를 넘나드는 이러한 발칙한 아이디어가 너무 재미있다. 뉴욕에 사는 이유 중 하나이기도 하다. 그래서 특이하고 획기적인 전시나 공연은 되도록 놓치지 않으려고 한다.

이날 본 황금 변기는 물이 흐르는 배관, 변기 깔판, 바닥까지 모두가 번쩍이는 황금빛이 찬란했다. 물을 내리니 변기 속까지 황금이라 흐르는 물살조차 황금빛으로 번쩍였다.

그런데 작품 '아메리카'와 하나가 된 순간 "아, 차갑다" 하는 소리가 먼저 터져 나왔다. 보기에는 아름다운 황금이 차갑고 냉정한 것이 미다스 왕의 황금 손과 다를 바 없었다. 오래 앉아있을 수가 없을 정도로 낯설었다.

그리스 신화에 나오는 프리지아의 왕 미다스(Midas)는 엄청난 부자인데도 디오니소스 신에게 자신의 손에 닿는 것은 무엇이든지 금으로 변하게 해달라고 소원한다. 술 취한 신이 허락하여 미다스는 정원수, 가구 할 것 없이 황금으로 변하자 기뻐한다. 그러나 먹으려던 음식은 물론 사랑하는 딸조차 황금으로 변해버리자 그는 신에게 소원을 취소해달라고 간청한다. 본래의 손으로 돌아온 미다스는 다시는 탐욕을 부리지 않았다고 한다.

아마도 미다스 왕의 심정처럼 차가운 황금 변기에 앉아본 사람들은 1%의 부에 대한 욕심과 부러움을 버리지 않았을까.

(2016. 9. 21)

'헬로, 백남준'

누구나 평소 컴퓨터에서 자주 검색하는 곳이 있다. 이메일, 카톡 메시지, 페이스북 이 모든 것이 자신도 모르게 데이터가 되어 생면부지의 곳에서 광고지가 날아오거나 메일을 받은 적이 있을 것이다. 빅 데이터 시대를 살다보니 일반인들도 이에 대한 지식을 지녀야 한다. 요즘은 과학과 예술의 융합시대다.

요즘 퀸즈뮤지엄에서는 드로잉 사운드 무료 워크샵을 열고 있다. 참가자들은 기본 전자회로 조작법을 통해 나무, 흙, 물, 연필, 포크, 옷으로부터 사운드를 생성하는 방법을 배우게 된다. 워크샵 강사는 두 번째 수업에서 다양한 미디어의 기본 기술을 설명하며 백남준(1932년 7월 20일~2006년 1월 29일)을 예로 들었다.

TV와 비디오가 등장했을 때 가장 먼저 이 매체를 이용한 미술작업을 한 백남준은 '예술가들은 언제쯤 자기만의 TV를 갖게 될까'라며 1인 미디어 시대를 예고했었다. 현재의 SNS시대를 예상하지 못했던 그 시절이었다. 지금은 모든 예술가들이 인터넷, 아이패드, 이메일, 유튜브 등 자신만의 TV를 갖고 있고 이것을 통해 사람들과 소통하고 관객은 참여한다.

스미소니언 미술관 수석큐레이터 존 핸하트는 "아이폰은 백남준의 아이디어다."라고 말했다. 1984년 '굿모닝 미스터 오웰'과 1993년 베니스 비엔날레 황금사자상을 수상한 '전자초고속도로'는 인터넷과 SNS시대를 예고한다는 것, 그러니 우리가 현재 잠시도 손에서 놓지 못하는 스마트폰은 백남준이 시발점이다.

남이 못 보는 3,000년대를 내다본 백남준의 생일이 7월 20일, 서거 10주년을 맞아 요즘 한국에서는 백남준 축제가 대대적으로 열리고 있다.

서울시립미술관은 그의 생가인 종로구 창신동 한옥을 매입하여 올 연말 개관을 목표로 백남준기념관을 건립 중이며 7월 20일 생일날(살아있다면 84세) 그곳에서 '헬로 백남준' 퍼포먼스를 열었다. 동대문 디자인 플라자(DDP) 배움터 전시관에서는 7월 21일부터 오는 10 30일까지 100일간 추모특별전 '백남준쇼'를 열고 있다. 백남준의 다양한 100개의 작품과 사진 등이 전시되고 있다.

백남준은 17세에 한국을 떠나 홍콩, 일본, 독일에서 공부하다가 1964년 뉴욕으로 이주, 42년을 뉴욕에서 살다가 2006년 마이애미에서 서거했다.

1965년 세계 최초의 소니 휴대용 비디오카메라로 뉴욕을 첫 방문 중인 교황 요한 바오로 6세를 촬영하여 비디오 아트를 시작했고

1982년 휘트니뮤지엄 회고전, 2000년 구겐하임 뮤지엄 '백남준의 세계' 전시회 등 뉴욕에서 세계적 명성을 얻었다.

백남준 서거 10주년을 맞은 지금, 그가 예술 인생 대부분을 보낸 뉴욕은 잠잠하다. 전시회를 했던 뉴욕한국문화원을 비롯 소호나 첼시의 갤러리나 미술관, 아시아 소사이어티 등등 아무 곳에서도 그의 이름을 거론하지 않는다.

뉴욕 소호에서 백남준을 만나 인터뷰를 하고 프랭크캠벨 장례식에서 넥타이(여자는 스카프) 자르는 퍼포먼스에 동참했던 기자로서 좀 많이 섭섭하다.

올 4월 23일 셰익스피어 서거 400주년을 맞아 런던 교외 스트랫포드 시골 셰익스피어 생가에서 열린 다큐멘터리를 본 적이 있다. 전 세계에서 온 사람들이 셰익스피어 마스크를 얼굴에 쓰고 퍼레이드에 참여하고 시내 곳곳에서 공연되는 극에 출연하는 배우들은 자랑스럽게 말했다.

"오늘날 쓰는 단어가 그 시절에도 있었다니…."

현대인은 6만 단어를 사용하나 셰익스피어 작품에는 2만 8,829개 영어단어를 사용했다니 그야말로 영국인의 자부심이 될 만한 세기의 천재다.

앞으로 16년 후면 백남준 탄생 100주년이다. 우리들은 그를 잊어버릴 것인가? 백남준의 업적에 비해 평가가 소홀하고 작품 값도 인색하기 짝이 없으며 사후 관리도 잘 되지 않고 있다.

맨해튼에 백남준이 살던 집과 작업하던 스튜디오, 늘 점심을 먹던 식당과 산책 장소 등 여러 곳에 그의 흔적이 남아있다. 그곳이 백남준 기념관이나 추모장소가 되어 언제 어느 때라도 그를 만날 수 있기 바란다. 그곳에서 견학 온 초중고 학생들을 만나기를 기대해 본다.

(2016. 7. 21)

빌리 홀리데이의 '이상한 열매'

"남부의 나무에는 이상한 열매가 열리네, 잎사귀와 뿌리에는 피가 흥건하고 남부의 산들바람에 검은 몸뚱이가 매달린 채 흔들리네. 포플러 나무에 매달린 이상한 열매, 멋진 남부 풍경에 튀어나온 눈과 찌그러진 입술. 달콤하고 상쾌한 향기, 그리고 어디선가 살덩이를 태우는 냄새."

1939년 빌리 홀리데이(1915~1959)가 뉴욕의 클럽 카페 소사이어티에서 부른 '이상한 열매(Strange fruit)' 노래를 2주일 전 맨해튼 브로드웨이에서 직접 들었다.

백인들의 린치로 교수형 당한 흑인들의 시체가 나무에 매달린 채 바람에 흔들리는 모습을 상징한 이 노래는 1937년 뉴욕의 유대계 백인 아벨 미어로폴이 작사, 작곡했다. 이 노래는 흑인민권운동을 위한 운동가요가 되었고 빌리 홀리데이가 불러 이후 흑인에 대한 린치를 사라지게 하는데 적지 않은 기여를 했다고 한다.

이 노래를 부를 때 빌리 홀리데이는 굶주림과 노동, 마약중독, 수없이 인종차별을 당한 자신의 삶을 연상한 듯 눈을 감고 기도하듯, 눈물을 흘리면서 불렀다고 한다. 분노를 누르고 담담한 목소리로 그러나 피를 토하듯….

빌리 홀리데이 뮤지컬 '레이디 데이(Lady Day)'에서 유명한 뮤지컬 가수 오 드라 맥도날드는 빌리 홀리데이로 분해 그녀의 비참하나 빛났던 삶을 노래했는데 어찌나 생전의 빌리 홀리데이 음색과 똑같은지 자그마한 홀의 청중들은 열광했다.

필라 슬럼가에서 태어나 불과 10살에 40대 백인에게 성폭행 당해 경찰에 신고했지만 오히려 불량소녀로 몰려 감화원에 들어가는 인종차별을 당했고 이후 어머니와 뉴욕으로 이주하여 할렘 사창가, 하녀, 홈레스로 살다가 할렘의 '포즈와 제리즈' 나이트클럽에서 노래하면서 재즈계의 전설이 된 빌리 홀리데이, 늘 머리에 새하얀 치자꽃 한 송이를 달고 노래한 그녀는 청중이 바닥에 던져주는 팁은 절대 줍지 않았다고 한다. 청중은 그녀 손에 직접 팁을 쥐어주었고 도도한 그녀의 별명을 음악 동료 레스터 영은 '레이디 데이'라 지어주었다.

초록색 원형 무대의 마이크 앞에 서서 피아노, 콘드라베이스, 드럼 세 악기를 연주하는 흑인 노인 연주자로 구성된 밴드에 맞추어 노래한, 완전 빌리 홀리데이 '짝퉁'인 오 드라 맥도날드에게 사인을 받고자 늦은 밤에도 사람들은 줄지어 서 있었다.

빌리 홀리데이 사후 50년 이상이 흘렀지만 여전히 미국에는 인종차별 반대 시위가 심심찮게 일어나고 있다. CD로 들어온 빌리 홀리데이의 애잔한 목소리가 아직도 귀에 남아있는 요즘, 그때와 지금 미국은 얼마나 달라졌을까.

미국의 첫 흑인대통령 버락 오바마, 영부인과 두 딸도 흑인이고 에릭 홀더는 최초의 흑인 법무장관이 되었다. 그런데 오바마 재임 이래 최대의 인종갈등의 최전선으로 떠오른 미주리주 퍼거슨시에서 연일 시위가 이어지고 있다.

지난 10일 18세 흑인청년 마이클 브라운이 백인 경관이 쏜 수발의 총탄을 맞고 사망하자 퍼거슨시에서는 연일 경찰을 비난하는 시위가 벌어지고 약탈과 방화도 발생했다. 스태튼 아일랜드 흑인 남성 에릭 가너 질식사 사건과 연계돼 22일 뉴욕에서 열릴 예정인 에릭 가너 추모행진에 브라운의 가족이 참여할 가능성이 있다며 이번 사태가 뉴욕시로 확산되지 않을까, 흑백 갈등으로 비화하지 않을까 다들 사태의 추이를 살펴보고 있다.

이미 LA폭동으로 한인 이민 수십 년간 일궈온 터전이 잿더미가 되는 것을 봐온 우리는 하루빨리 연방정부가 공정한 수사를 하고 시위대가 냉정을 되찾고 폭력이 종식되기를 기다린다.

여론조사기관 퓨리서치 센터가 미국 성인남녀 1,000명 대상 통계에 의하면 흑인응답자 80%가 이 사건이 중요한 인종문제를 부각시켰다고 답했고 백인들은 37%만 이같이 응답, 흑백 반응이 확연히 달랐다고 한다. 여전히 미국은 인종갈등이 진행 중이다.

당시 클럽에서 노래하는 빌리 홀리데이에게 노래를 신청하면서 한 백인 여성이 이렇게 말했다고 한다.

"그 왜 검둥이가 나무에 매달려 죽는 섹시한 노래, 그것 들려주시우."

특정인종에 대한 배타주의, 자신들과 다르거나 못하다고 하는 생각이 얼마나 위험하며 이기적인 것인지, 또한 타인종에 대한 무관심도 죄다. (2014. 8. 21)

손글씨의 매력

맨해튼의 모건 라이브러리 앤 뮤지엄에 가면 어니스트 헤밍웨이와 스코트 피츠제럴드, 존 스타인백, 이름만 들어도 설레는 대작가가 직접 쓴 글씨를 볼 수 있다. 스토리텔링의 대가 존 어빙, 비트 제너레이션의 대표작가 잭 케루악, 1993년 노벨문학상 작가 토니 모리슨, 20세기 미국 모더니즘 시운동의 중심인물 에즈라 파운드, 「호밀밭의 파수꾼」 작가 제롬 데이비드 샐린저, 그리고 제1차 세계대전 후 환멸을 느낀 젊은층에게 '잃어버린 세대'라는 말을 한 거트루드 스타인의 자취도 볼 수 있다. 또 인물·패션 작가 어빙 펜이 찍은 주름과 땀방울이 선명한 유명작가들의 얼굴도 볼 수 있다.

이 '개츠비에서 가프까지(Gatsby to Garp)'전에는 미국 문학을 한 눈에 볼 수 있는 현대작가의 유명작품 초판 희귀본들이 전시되어 있다.

이 중 피츠제랄드(1896~1940)의, 대다수 미국인이 가장 좋아하는

「위대한 개츠비」 초판본(1925년)도 있다. 프란시스 쿠갓이 디자인한 표지는 파란색 바탕에 화려한 맨해튼의 밤풍경과 푸르고 짙은 화장을 한 여인이 눈물 흘리는 모습이 그려져 있다.

어니스트 헤밍웨이(1899~1961)의 첫 번째 장편소설로 프랑스와 스페인에 사는 환멸에 빠진 미국인들 생활을 묘사한 「해는 또다시 떠오른다(THE SUN ALSO RISES)」 표지는 그리스풍 옷차림을 한 여인이 올리브 나무 아래 지친 모습으로 앉아있다.

존스타인백(1902~1968)의 소설 「분노의 포도(THE GRAPES OF WRATH)」 표지는 대공황시대, 오클라호마 농민들이 은행에 땅을 빼앗기고 황량한 캘리포니아로 향하는 행렬을 바라보는 세 가족의 허름한 뒷모습이 수채화로 그려져 있다.

이 전시회에서 희귀본 초판을 구경하는 것도 신기하지만 가장 가슴을 먹먹하게 한 것은 작가들이 직접 쓴 글씨를 볼 수 있어서다. 펜에 잉크를 묻혀 쓴 소설 서문이나 지인들에게 보낸 편지, 교정지를 보면서 작가의 성격을 상상하는 재미가 쏠쏠하다. 이미 우리들은 컴퓨터 자판에 익숙해져서 손글씨를 대하면 생소해지고 있다.

일반적으로 기울기, 자간과 행간이 반듯하면 성격이 안정되고 원만할 것이고 큰 글씨는 대범하고 외향적이며 작은 글씨는 집중력이 깊고 세심하나 보수적일 것이고 뾰족하고 각진 글씨는 엄격하나 유머가 부족하고 개성 넘치는 글씨체는 혼자 있기 좋아하는 예술가적 성향이 있다고 판단한다.

오르락내리락 한 글씨에서 정신적 혼란 상태를, 누르고 쓴 글씨에서 활력이 넘치나 극도의 긴장을, 넓은 간격에서 자유로움을 느끼기도 한다.

피츠제랄드는 소설의 한부분과 편지의 교정을 얼마나 꼼꼼히 보았는지 교정지가 정신이 없을 정도로 난해하다. 몇 줄의 문장은 아예 세로로 다시 쓸 정도다. 자신의 작품 문장을 맘에 들 때까지 고치긴 했으나 정신없는 교열이 편집자에게는 고충이었을 것이다.

피츠제럴드 부부는 뉴욕 사교계의 가장 인기 있는 커플이었지만 파티를 좋아한 아내는 정신병원으로, 재능 있는 작가이자 요란한 스캔들 메이커인 피츠제럴드는 알코올중독자로 부부의 말년은 불행했다.

한편 존 스타인백의 소설 교정지는 따옴표, 띄어쓰기, 말없음표, 문장 잇는 줄표 정도로만 교정을 본 것이 그의 소설 원본 자체가 완벽했으리라 짐작된다. 그는 성격이 원만해 보인다.

또 직접 전쟁에 참가하고 여행과 낚시, 권투, 스키를 즐기고 모험심이 강했다는 헤밍웨이는 성격이 호방하고 쾌활하며 거침없을 것 같은데 의외로 글씨가 작으면서도 정갈하다. 성격이 소심하면서도 고집이 있어 보인다.

작가들의 사진 중에 가장 눈에 띄는 것은 헤밍웨이다. 라이프(LIFE) 매거진 표지(1952.9.1, 당시 잡지값 20센트)에 나온 그는 관람객과 눈을 똑바로 맞추고 있다. 머리가 반백인 장년의 남성이 입을 꾹 다물고 정면을 바라보는데 눈빛이 표범처럼 강하다. 인간이 극한적인 상황에 어떻게 대응하는가에 매료되고 죽음에 깊은 관심을 지냈던 그다.

모든 것이 전산화되고 컴퓨터로 글을 쓰는 세상에서 친필의 매력은 상당하다. 잉크와 펜을 구하기가 힘들어진 요즘, 작가의 체취가 물씬한 이 전시회는 9월 7일까지라는데 기회가 되면 한 번 더 가려한다. 머잖아 사장될 즐거움이다.

(2014. 8. 7)

바닷가 소년의 꿈

매년 10월 두 번째 월요일(오는 8일)은 콜럼버스 데이로 이태리 제노바 태생 크리스토퍼 콜럼버스(1451~1506)가 1492년 아메리카 대륙 발견을 기리는 날이다. 그는 네 번이나 항해를 하면서도 '서인도제도'인 줄 알았으나 얼마 후 피렌체 태생의 모험가 아메리고 베스푸치가 신대륙임을 밝혔고 이후 그의 이름을 따서 '아메리카'라고 불려진 이야기를 누구나 알 것이다.

미국 탄생의 기반이 된 콜럼버스의 생가가 이태리 북서쪽 제노바에 있다. 작년 가을에 북부 이태리 지방을 여행하면서 밀라노에서 기차를 타고 한 시간 반을 달려 제노바의 콜럼버스 생가에 간 적이 있다.

기차역에서 탄 택시는 좁고 가파른 언덕, 낡은 유적지를 지나 10여분 만에 복잡한 도로변을 살짝 비켜서 담쟁이넝쿨이 내려오는 아담한 2층 석조건물 앞에 내려주었다. 원래의 터 자리에 고향사람들이 미국대륙을 발견한 콜럼버스를 자랑스레 여겨 지어놓은 곳이라고 했다.

좁은 집안에는 콜럼버스가 신대륙을 탐험할 때 가져간 식물과 과일 조형물, 기구들이 보존된 유리장과 당시 직물가게에서 장사하던 부모의 모습을 그린 그림, 콜럼버스 인형, 상반신 석상 등이 전시되어 있었다.

생가 주위는 별로 정돈되어 있지 않았고 사람들로 복잡했지만 그 앞에 있는 제노바 타워는 올라가 볼만 했다. 가파른 계단을 돌고 돌아 옥상에 올라가니 타워 밑으로 제노바 시내 전경이 다 보였고 13세기와 14세기에 피사, 베네치아와 자웅을 겨루던 해운왕국 제노바 강국의 자존심답게 타워는 아직도 굳건했다.

사방팔방이 뚫린 옥상에서 바람에 휘날리는 깃발을 보면서 역시 바람이 세구나 했고 이 바람을 맞으면서 큰 바닷가 소년의 꿈에 대해 떠올려 보았다.

바닷가 마을은 그날도 머리카락이 눈앞을 가릴 정도로 심한 바람이 불었고 뜨거운 햇살은 소년의 피와 살이 되고 자양분이 되어 '도시로 가리라, 지중해를 건너 중국에 가고 인도로 가리라'는 도전과 용기를 북돋워주고 꿈을 여물게 했을 것이다.

가난한 부모 밑에서 태어난 콜럼버스가 고향 앞바다에서 뱃고동 울리는 대형 상선들을 바라보면서 소년기를 보내고 당시 최대강국 스페인의 이사벨 여왕이 있는 궁으로 가서 신천지의 꿈을 설득시키고, 드디어 재정적 후원을 받아 서해 항로로 가는 꿈의 실현이 한 눈에 그려졌다.

지구가 평평하다고, 수평선 너머 바다가 끝나는 곳에서 벼랑으로 떨어질 수 있다고 대부분의 사람들이 믿던 그 시절 대서양을 가로질러 신대륙을 찾아갔던 그 담대한 용기에 끈적거리는 해풍을 견뎌낸 소년의 원대한 꿈이 자리하고 있었다.

제노바 프린치페 기차역에는 엄청난 높이와 크기의 콜럼버스 석상이 서 있어 사람들은 고개를 한껏 뒤로 젖히고 올려다보아야 한다.

한 바닷가 소년의 꿈이 무르익어 신대륙을 발견했고 이후 유럽인들의 활동 무대가 되고 오늘날 전 세계에서 수많은 사람들이, 우리 한인들도 전 미주에 200만 명 이상이 이민 와 살고 있다.

물론 콜럼버스가 신대륙에 발을 디디면서 아메리카 인디언의 비극이 시작되었기도 하다. 북미, 중미, 남미 인디언들은 약한 면역체계로 인해 콜럼버스 일행이 싣고 온 이국의 풍물 바이러스에 의해 대다수 사망했고 학살됐고 그 이후 백인들이 주인이 되었다.

콜럼버스에 대한 공과(功過)의 논란을 떠나 그의 어마어마한 꿈을 이루게 한 꿈의 뿌리가 잉태된 도시라는 점에서 제노바는 고풍스럽고 경이로웠다.

한 바닷가 소년이 꿈을 꾸지 않았더라면, 우리는 지금, 어떤 곳에 살고 있을까? 물론 그가 아니더라도 훗날 누군가에게 신대륙은 발견되었겠지만 그가 첫 발자국을 이곳에 디뎠다.

사람들은 젊어서는 다들 꿈을 꾸지만 나이가 들면서 삶과 적당히 타협하며 점차 "내 꿈이 뭐였더라?" 하게 되고 "꿈, 그런 게 있었나?", "그냥 오늘도 무사히 살면 되지 뭐." 하게 된다.

콜럼버스만큼 위대한 포부는 아니더라도 오늘부터 소박한 꿈이라고 꾸어보자. 아예 꿈조차 없다면 어째 좀 서글프다. 또 꿈은 이뤄지라고 있는 것이 아닌가. (2012. 10. 4)

코니 아일랜드

가끔 미국에 살고 있다는 것을 확인하고 싶을 때가 있다. 평소 집과 직장을 오가다 맨해튼에 가야 뮤지엄 거리나 소호, 첼시고 그 외 플러싱의 한국마켓과 한국식당을 가다보니 타주로 여행을 가야 비로소 넓은 미국을 확인하게 된다.

그래서 이번 독립기념일에는 브루클린 코니 아일랜드로 핫도그를 먹으러 갔다. 그곳에 가면 가장 미국의 색깔을 잘 알 수 있을 것 같았다. 이곳은 1세기 전에는 뉴욕의 호화휴양지였다지만 지금은 아메리칸 드림을 꿈꾸는 소수계 이민자들이 전철을 타고 대서양 바람을 맞으러 몰려드는 해변이 되었다.

페인트칠이 벗겨진 가게 간판, 모래사장 위의 가짜 야자수, 유치한 놀이기구들이 허름하지만 어쩐지 못살던 우리의 과거를 보는 느낌이랄까, 그리고 그곳에 사람들의 활발한 웃음소리와 음악이 있었다.

지하철의 종점인 코니 아일랜드 역에서 나오니 바로 앞에 네이든 핫도그 가게가 보여 먼저 그곳에서 아침으로 핫도그를 사먹었다. 두어 블록을 가로막은 도로와 인도에서 수십 명의 사람들은 너도나도 선 채 핫도그를 먹고 있었다.

가게 옆에 설치된 가설무대에서는 '네이든의(Nathan's) 독립기념일 핫도그 먹기 대회'가 준비 중이었다. 밴드는 신나는 음악을 라이브 연주하고 뙤약볕이 내리쬐는 무대 위에서는 선수들이 얼굴이 상기된 채 대회 시작을 기다리고 있었다.

이날 한인여성 소냐 토마스(한국명 이선경)는 10분 만에 소시지 45개를 먹어 작년의 우승 타이틀을 지키고 상금 1만 달러를 탔다. "내년에 46세가 되니 목표를 46개로 세우겠다."는 소냐는 5피트 5인치 신장에 100파운드의 자그마한 몸집 어디서 그런 한민족의 은근과 끈기가 나오는지 놀랄 따름이다.

남자부 우승은 조이 체스트넛으로 10분 만에 68개를 먹어 5년째 챔피언 자리를 고수했다.

1916년 서프와 스틸웰 애비뉴 코너에 문을 연 이 집은 '네이든 핫도그'의 원조로 1916년부터 이 대회를 열고 있다. 이날 4만 명의 관중들은 선 채로, 높은 곳에 올라가서, 무대가 안 보이는 곳에서는 대형 전광판을 보면서 웃고 떠들었다.

선수들이 얼굴이 시뻘개져서 입에 묻은 찌꺼기도 닦지 못하고 한 손으로 핫도그 집고 다른 한손으로 입안에 밀어 넣는 모습에 사람들은 낄낄거리고 박수 치고 환호했다. 이태리, 러시아, 유럽인, 히스패닉, 흑인, 아시안, 이들은 시끄럽지만 생동감 있게 움직이는 미국의 현재를 보여주었다.

모든 인종과 민족이 뒤섞여 함께 독립기념일을 즐기고 있는 것을 보면서 미국의 역사는 이민의 역사이고 미국의 주인은 이들이라는 것을 느끼지 않을 수가 없었다. 세계 어느 국가보다 많은 총 5천만 명 이상의 이민자를 받아들였고 지금도 매년 70만 명 이상의 신규 이민자들이 미국으로 오고 있다.

과거에는 '인종의 용광로(Melting Pot)'라 하여 수많은 인종이 고유 관습을 버리고 융해되는 미국인을 말했지만 요즘은 '다문화의 샐러드볼'이라는 말이 더 적절한 것 같다. 다양한 민족과 인종들은 각자 고유문화 유산을 지키면서 서로를 인정하고 살고 있다.

초등학교의 인터내셔널 데이가 그렇다. 이날 미국, 프랑스, 호주, 중국, 일본, 뉴질랜드, 인도, 아랍 등 출신국 아이들이 집에서 가져온 민속의상, 악기, 인형들을 전시하고 학부모들은 고유음식을 만들어 학교로 가져온다. 한인학부모들은 한복과 고무신, 부채를 전시회에 제출하고 잡채나 김밥, 떡, 김치를 학교로 가져간 경험들이 있을 것이다. 서로 풍습을 알려주고 화합과 단결로 가는 초석이다.

7월 4일은 미 역사상 가장 중요한 날이다 보니 아메리칸 드림의 첫 번째인 시민권 시험에서 가장 중요한 문항 중 하나가 바로 이 독립기념일에 관해서이다.

1903년 한인 102명이 하와이에 첫발을 디디면서 시작된 한인이민역사가 109년이 넘었다. 핫도그 먹기 대회 같은 지극히 미국적인 시합에 참여하는 한인여성도 있고, 이 땅에서 주인의식을 갖고 사는 한인들이 점차 많아지고 있다. 미국에서 수십 년을 살아도 손님 같은 기분이라면 진정한 주인으로 살려면 어떻게 해야 할까를 생각해 보자.

(2012. 7. 6)

베토벤의 편지

지난 11일 베토벤(1770~1827)이 거친 자필로 생활고와 질병의 괴로움을 토로한 친필 편지가 독일에서 공개됐다고 영국 BBC 방송이 보도, 세간의 화제가 되었다.

이 방송에 따르면 베토벤은 이번에 공개된 여섯 쪽 분량의 편지에서 휘갈겨 쓴 글씨체로 '나의 낮은 봉급과 질병 탓에 인생이 괴롭다'며 작곡가인 프란츠 안톤 슈톡하우젠에게 자신의 '장엄미사' 곡을 받아줄 사람을 물색해 달라고 도움을 구했다.

베토벤의 어수선한 글씨체로 된 편지를 전시할 독일 뤼벡의 브람스 협회측은 '베토벤이 자발적으로 무엇인가를 쓰고 지우고 다시 쓴 흔적이 편지에 남아있다'면서 그의 생각의 흐름을 알 수 있다고 역사적 가치를 부여했다.

또 이 방송은 1823년에 작성된 것으로 추정되면 이 편지 한 통이 10만 유로 이상의 가치를 지녔다고 보도했다.

10만 유로라니, 환율에 따라 다소 차이가 나지만 그래도 13만 달러는 넘지 않는가. 이 돈이면 베토벤은 2, 3년은 먹을 것, 입을 것, 난방비 걱정 없이 자신의 음악세계에 푹 파묻힐 수 있었을 것이다. 하지만 하늘이 낸 천재인 그는 살아생전 생활고에 허덕였고 후세의 평범한 인간들이 그가 남긴 편지 한 통에 가격을 매기고 있다.

또한 평범한 우리 이민자들은 악성(樂聖) 베토벤이 생활고에 시달렸고 그도 인생이 괴로웠구나 하여 그가 더욱 살갑게 느껴지고 있다.

슈베르트, 모차르트, 쇼팽 등 뛰어난 음악가들이 살아생전 다 가난했지만 베토벤은 특히, 32세인 1802년부터 음악가에게는 치명적인, 귀가 들리지 않았지만 세상 사람들의 가슴을 뒤흔드는 명곡들을 작곡했다.

유럽 여행 중 가장 감명 깊고, 영원히 잊지 못하고, 큰 충격을 받은 곳이 바로 독일 본에 있는 베토벤 생가이다.

본 시내 중앙역에서 걸어 10분 거리 골목에 있는 생가의 3층에 베토벤이 태어난 다락방이 있다. 작은 유리창 2개가 있는 마루방에는 베토벤 흉상이 덩그러니 하나 놓여있을 뿐이다. 침대 하나 들여놓으면 옴짝달싹 할 수도 없을 정도로 비좁고 누추하다. 방 입구의 협소한 복도에는 베토벤 사후 12시간 뒤에 떠놓았다는 데드마스크도 전시되어 있다.

마치 하녀의 방처럼 좁고 외진 곳에서 태어난 그가 사람의 마음을 폭풍처럼 뒤흔들고 산더미 같은 파도의 물결을 타게 하는 아름답고 웅장한 곡들을 작곡했다니, 말을 잊게 하는 감동을 준다.

기념관이 된 그곳에는 유품과 사용한 악기, 초상화, 악보 등 여러 전시품이 놓여있는데 무거운 노란 금속으로 된 보청기가 눈에 뜨인다. 커다란 나팔 모양이 소리를 모아 좁은 관을 통해 귀에 전달하는 구조로 된 이 보청기는 얼마나 크고 우악스러운지 아마 그 무게가 머리를 짓누를 정도로 고통스러웠을 것이다.

그는 이곳에서 22세까지 살다가 빈으로 갔는데 이후 육체적 고통과 답답함 속에서 '운명', '전원', '합창' 등 교향곡을, 피아노 소나타 '월광' 등을 작곡했다.

베토벤은 가장 열악한 조건 속에서 개인의 의지로 운명과 싸워 이겼다. 그것도 복수가 아닌, 세상 모든 이에게 아름다운 음악을 선사하는 멋진 승리로 말이다. 우린 물론 베토벤 같은 천부적 재능은 없지만 이민생활을 개척하려는 의지와 노력, 강한 정신력은 지니고 있다. 그의 가난과 고통을 떠올린다면 남들 보기에 그럴듯한 아메리칸 드림은 못 이룰지라도 목에 거미줄은 치지 않을 것이다.

한국 고유의 명절인 설날이다. 지난 1월 1일에 새해를 맞이했는데 다시 새해를 맞는 기분이다. 사람들은 새해에 덕담을 나눈다. 1월 1일에 이미 만나는 사람마다 말했다고 해도 다시 하자. "새해 복 많이 받으세요." "행복한 한 해 되세요." 좋은 말은 자꾸 해도 괜찮다.

우리도 베토벤처럼 인생이 괴롭고 무섭지만, 새해에는 더욱 더 노력하여 가난과 고통을 가볍게 이겨보자.

베토벤이 남긴 말이 있다.

“훌륭한 인간의 특징은 불행하고 쓰라린 환경 속에서도 끈기 있게 참고 견디는 것이다.”

작곡가 이전에 한 위대한 인간이 한 말이다.

(2012. 1. 19)

최고란

한국 사람들은 음식 먹을 때 노래를 하지 않는다. 기념행사 식순이나 강연회나 시사회 중에 음식을 먹으면 큰 실례가 된다. 그래서 보통 행사 직전에 식사를 하거나 행사 후에 식사를 한다.

지난가을 열린 한 여성모임 행사에서 참가자들이 식사를 하고 있는 와중에 진행자가 다큐멘터리를 틀었다. 그러자 다큐멘터리 제작자이자 초청 연사는 화를 벌컥 내며 상영 중지를 요청했다. 사람들은 '그래 진지한 주제의 다큐멘터리를 음식물을 먹으면서 보다니 작가에 대한 예의가 아니지.' 하고 작가 입장을 수긍했다.

그런데 지난 주 우연히 들어간 맨해튼 브로드웨이에 있는 식당에서 빚어진 풍경은 평소의 이런 선입관을 돌아보게 했고 뉴욕이란 도시에 대한 매력을 새삼 느끼게 했다.

오후 늦은 시간에 열리는 콘서트를 보기 전에 저녁을 먹으러 들어간 1층 미국 식당이었다. 허름한 전철 안 같은 실내장식에 싸구려 테이블, 평범한 바, 값싼 가격의 메뉴가 서민층이 부담 없이 끼니를 때울 만한 곳이었다.

특이한 점은 한쪽 벽면에 브로드웨이 뮤지컬 비디오가 큰소리로 틀어져 있다는 것이었다. '올리버 트위스트', '메리 포핀스', '웨스트 사이드 스토리' 등에 나오는 노래가 뮤지컬 장면과 함께 온 식당 안을 울리고 있었다.

자리에 앉아 웨이터에게 음식을 주문하고 기다리는데 갑자기 콜라 잔을 나르던 웨이트리스가 빈 의자에 걸터앉더니 마이크를 잡고 노래를 부르기 시작한다.

청아한 목소리로 얼마나 열심히 잘 부르는지 벌린 입을 다물지 못하는데 그녀의 노래가 끝나자마자 이번에는 조금 전 우리 일행에게 앉을 자리를 안내해 주던 웨이터가 마이크를 이어받아 계산대 옆에 서서 미성으로 노래를 한다.

'앗, 우리에게 스파게티와 수프를 가져다준 저 웨이터도 노래를?'

그리고는 빨강과 검정이 조화된 유니폼에 주문받는 메모장과 볼펜을 넣은 앞치마를 두른 종업원들이 모두 돌아가면서 노래를 한다. 마치 무대에 선 뮤지컬 배우처럼 손님들이 앉아있는 의자 뒤 난간에 올라서 걸어가면서, 빈 의자에 걸터앉아서, 2층 계단과 테이블 사이를 오가면서 노래를 하는데 프로 빰치게 잘했다. 손님들은 포크에 찍은 양상추를 입으로 가져가며, 완두콩 수프를 떠먹으며 노래하는 종업원들에게서 시선을 떼지 못했다. 한 곡이 끝날 때마다 박수를 치면서 연신 싱글벙글하는데 전 식당 안이 극장으로 변했다.

'역시 브로드웨이 거리는 다르네. 식당에서 고되게 일하면서도 언젠가 브로드웨이 무대에 서길 꿈꾸며 발탁되기를 기다리나 보다. 어설픈 프로보다 훨씬 낫네. 진지함, 열정, 정성이 모두 들어있다'고 처음엔 그렇게 생각했다.

나중에 알고 보니 그들 대다수가 실제 뮤지컬 배우로 식당에 파트타임으로 일하고 노래하면서, 언젠가 대성할 날을 기다리는 것이라고 한다.

커피를 날라주고 계산서를 가져다주는 종업원들이 유니폼 차림으로 노래하는 식당에서 음식을 먹으면서 듣는 것, 혹 방해가 될 까 기침도 참아가면서 화려한 무대에 선 배우들의 매끈한 노래를 듣는 것, 이 두 가지의 차이점이 뭔가를 짚어보았다. 출연자가 다르고 노래의 격이 다르고 관객의 수준이 다르다면 얼마나 다르랴싶다.

또 성공한다는 것은 무엇일까. 대망의 무대에 서면서부터 더 이상의 꿈을 잃어버린 것과 비록 번잡한 식당 안이지만 풋풋한 꿈이 살아있는 지금과 어느 때가 더 행복할까? 그 행복의 잣대 자체가 우습다.

방금 전 샌드위치와 샐러드를 나른 손이지만 마이크를 잡자 너무나 행복한 얼굴로 노래하는 종업원들의 신선한 무대는 저녁식사를 마치고 자리에서 일어나는 것이 아쉬울 정도였다.

가장 훌륭한 음악은, 예술은 이렇게 사람들의 오감(五感)을 충족시켜야 하는 것이 아닐까. 굳이 격식과 예의를 따지지 않고 그저 우리의 눈과 귀를 편하게, 마냥 좋다고 느껴진다면 그것이 최고 노래이고 뮤지컬이고 예술이고 최고 인생이지 않겠는가. (2003. 11. 19)

지켜진 약속

지난달 어느 날, 카네기홀에서는 아주 특별한 연주회가 열렸다.

유방암 퇴치 기금 마련을 위한 이날의 행사 중 사회자가 "유방암을 이겨낸 여성은 일어서보라."고 하자 어둡던 객석에 오렌지 빛 등이 연하게 켜지며 내가 앉은 좌석의 앞에서, 바로 뒤에서, 고개를 올려 쳐다본 2, 3층 발코니에서 수많은 여성들이 벌떡 벌떡 일어서는 것이었다.

하나같이 멋진 팔등신 미녀들이었다. 관객들의, 그야말로 우레 같은 박수가 쏟아지며 '살아있는 모든 것은 아름답다'는 한 문장이 저절로 떠올랐다.

유방암에 대한 경각심을 불러일으키는 상징은 연한 핑크빛 리본이다. 그날 수많은 아리따운 여성들, 정장을 입은 남성들의 양복 재킷에는 이 리본이 달려 있었다.

그렇다. 암은 자신에게는 절대로 안 걸릴 것 같지만 어느 날, 갑자기 우리에게, 나에게 찾아온다.

그날, 이 행사를 마련한 사람은 한인 바이얼리니스트 권은숙씨로 그녀는 나이 30세에 유방암에 걸려 지난 6월까지 1년 동안 방사선 치료와 화학 치료를 받은 후 건강을 되찾은 여성이었다.

그녀는 치료를 받는 당시 지치고 힘들었지만 불가능한 일은 없다는 신념을 갖게 되고 자신이 겪은 일들이 다시 반복되지 않도록 젊은 여성과 의료인에게 유방암의 심각성을 알려야 한다는 사명감을 갖게 되었다고 한다. 그래서 수술 후 유방암 생존자를 위한 예술가 모임을 마련하고 그 첫 번째 행사로 자선콘서트를 연 것이다.

우리들은 누구나 그렇다.

'내가 부자가 되면 자선기관에 도움을 주어야지', '내가 성공하면 신세진 분에게 보답해야지', '내가 병이 나으면 가난한 자와 아픈 자들을 위한 자원봉사자가 되어야지' 등등.

그러나 정말 부자가 된 사람은 '아직 멀었어. 아직 부자가 아니야' 하거나 '남의 신세는 뭐, 내가 열심히 한 결과지 뭐' 한다.

병이 말끔히 다 나으면 '아프고 고통 받던 그 시절을 돌이키고 싶지 않아' 하거나 '내가 그런 적이 있었나' 하고 애써 기억을 되살리지 않으려고 한다. 구차하고 남루한 기억에서 해방되고 싶어 한다.

우리들은 처지가 달라졌다고 과거의 약속쯤은 무시해버리곤 한다. 그리고 또, 지키지 못할 것을 뻔히 알면서 빈 약속을 많이 한다.

어차피 같이 만나 시간을 보낼 것도 아니면서 '언제 한번 술 한잔 합시다', '저녁 한번 먹죠.' 한다든지 '다음 주에 전화 드리지요'

등등.

사실 다음 주에 전화를 하겠다고 했으면 해야 하고 점심을 같이 먹자고 했으면 먹어야 하는 것이 약속이다. 그냥 그 자리를 모면하려고, 별달리 할 말도 없고 해서, 혹은 예의상 헛말을 하는 것이다.

하지만 어른들에게는 통용되는 이 빈말이 이곳에서 교육받는 1.5세나 2세들에게는 통하지 않는 것을 본다.

"아빠가 약속했잖아. 다음 주에 영화 보러 가자고, 아빠는 거짓말쟁이야.", "고등학교 가면 새 컴퓨터 사준다고 했는데 왜 약속 안 지키세요." 하고 따지고 들 때 당황하는 부모들이 많을 것이다.

그런데 가만히 생각해 보면 응석부리는 줄 알고 긍정적 대답을 한 것이 기억날 것이다.

미국 제도는 거짓말을 싫어한다. 만일 사정이 생겼으면 솔직하게 그 형편을 이야기하면 들어주는 합리적인 면이 있다. 차라리 변명을 하면 통해도 아주 작은 거짓말도 통하지 않는 것이다.

우리들은 생활 현장에서, 이웃과의 대화에서 사소한 것이라고 약속을 남발하고 빈말을 하는 것은 아닌지 살펴보자. 아무리 작고 하찮은 것이라도 지켜지지 않은 약속은 거짓말이 된다.

한 달 전의 콘서트처럼 '지켜진 약속'을 보면 나 자신 해이해진 마음을 다잡게 된다. (2001. 7)

5장

뒤로 걷는 엄마는

미국에서 일하는 여성은 임신을 해도 대부분 출산 직전까지 일을 한다. 출산 휴가를 다 쓰지도 못한 채 다시 일터로 나가며 며느리, 아내, 육아 어느 것 하나도 포기하지 않으려고 치열하게 산다. 두 딸이 성장하면서 연도순으로 게재한 자녀 교육에 관한 칼럼이다.

우리 아이의 한글교육

토요일 아침은 내가 가장 좋아하는 시간이다. 그날은 직장여성이 아닌 엄마로서 아이의 등하교 길을 보아줄 수 있기 때문이다. 느긋하게 아이의 아침을 챙겨주고 고사리 손을 잡고 집에서 도보로 3분 거리인 한국학교로 가는 내 마음은 참으로 평화롭다.

딸아이는 월요일부터 금요일까지는 킨더가든에서 영어로 수업하고 토요일에는 한국어로 수업한다.

"이것은 한국말로 뭐야? 영어로는 뭐야?" 영어와 한국말을 꼬박꼬박 가려 쓰며 하나 하나 사물의 단어와 이치를 깨우쳐가는 아이를 보고 있노라면 흐뭇하기도 하고 신기하기도 하다.

한국학교는 올 4월에 너무 어려서 입학이 안 된다는 것을 몇 번이나 사정하여 등록을 시켰는데 정작 여름방학식을 할 때는 유치반에서 혼자 개근상을 탔다.

이번 가을학기에는 월반을 해 자기보다 나이가 많은 언니 오빠들과 공부를 하고 있다.

"왜 이렇게 방학이 길어? 나 언제 한국학교 가?" 하고 수없이 묻던 아이는 이제 금요일 밤이면 노트와 필통을 가방 속에 챙겨 머리맡에 놓고 잠이 든다.

이 모든 것은 한국말을 아무리 잘해도 글을 읽고 쓸 줄 모르면 미국 학교에 다님과 동시에 금방 잊어버릴 것이라는 나의 조바심 덕분이었다.

또한 기역 니은 디귿을 알기 전에 A B C를 배운다는 것이 한국인으로서 자존심 상하는 일이기도 했다. 그래서 세 살이 되자 우선 집에서 간단히 한국어 읽기 쓰기를 가르쳤는데 아이의 장난감과 일상용품부터 시작했다.

우유, 사과, 가위, 풀, 자전거, 유모차, 인형… 아이가 늘 갖고 놀거나 먹는, 아이의 피부에 직접 와닿는 단어들을 자신이 직접 써 보고 읽으니 여간 신나하지 않았다. 그러다가 한국학교에 다니니 공부하는 것이 쉽고 재미있다는 것이다.

9월부터 미국 공립학교 킨더가든을 다니기 시작한 아이가 영어와 한글을 동시에 배우는 것이 혼동되지 않을까도 싶었지만 어려서는 몇 개의 외국어를 동시에 익힐 수 있는 능력이 있다고 생각한다. 한국말을 잘하면 영어를 잘할 것이고 영어를 잘하면 한국말을 잘할 것이라는 믿음이다.

또 지금부터 몇 년간은 영어가 부족해 수업을 따라가기 힘들 것이므로 어차피 학교 공부를 못해도 상관없다는 각오를 하고 있다.

뿐만 아니라 지금 미국에 산다고 해서 성장한 아이가 계속 미국에 살지, 다른 나라에서 살지도 모르고 또한 한국에 가서 살 수도 있으니 엄마아빠의 모국어인 한국말을 가르쳐야 한다는 책임감 때문이다.

우리는 같은 한국 사람이라도 '저 사람은 말이 전혀 안 통해.' 할 때가 있다. 같은 한국말을 하는데도 사고방식이 다르면 아무리 많은 이야기를 나누어도 전혀 내 뜻이 전달되지 않는 것이다.

그런데 미국에서 자라는 아이가 점점 영어를 더욱 많이 사용하고 한국말을 잊어간다고 하자. 이민 1세인 부모가 영어를 아무리 잘해도 미국에서 태어나고 교육받은 아이의 사춘기 감정까지 100% 이해하기 힘들 것이다.

그래서 속 깊은 대화를 나눌 수 없다면 내가 낳은 자식이 맞나 할 정도로 답답할 때가 있을 것이다.

그러고 보면 내가 한국어 교육에 기를 쓰는 이유가 나중에 아이를 잃고 싶지 않고 언제라도 피를 나눈 부모 자식이라는 것을 느끼고 싶은 것이다.

아이가 한국말을 배우면서 자연스레 한국 풍습과 예절도 익히기를 바라는 마음에 오는 토요일도 어김없이 한국학교로 데려가고 데려올 것이다.

'엄마와는 말이 통해.' 하는 사춘기 아이의 모습을 상상하는 즐거움도 있다. (1991. 1. 30)

여성의 성(姓)

사람에겐 누구나 성과 이름이 있다. 어머니의 배 속에서 태어나 이름을 얻는 순간부터 개인의 역사는 기록되기 시작한다. 그런데 이 성명 석 자가 미국 땅에 발을 디딘 순간부터 성이 바뀌어버리는 여성들이 많다.

영주권, 은행 체크 및 출입금 명세서, 세금 보고서, 운전면허증 등등 모든 기록에 남편과 성이 같아야 여러모로 편리하다. 부부의 성이 다르면 설명하기에 번거롭고 구차하다. 나 역시 미국 땅에 내리면서 '이'라는 라스트 네임이 '민'이 되었다.

별다른 생각이나 거부감 없이 민씨로 자신을 소개하다가 간혹 어디 민씨냐고 묻는 사람을 볼 때 '이 성은 가짜 성, 아니 미국에서 쓰는 성입니다' 하고 대답하게 된다. 미세스 민으로 오래 불리다보니 한국에서 다니러온 친구가 원래의 성으로 나를 찾으면 새삼스럽기도 하다.

그런데 한인단체의 모임이나 동창회에 가보면 남편의 성명 석자를 앞가슴에 자랑스럽게 붙이고 오가는 부인들을 보게 된다. 연애시절이나 신혼이라면 상대방 이름을 듣기만 해도 가슴 설레겠지만 결혼생활 20년이 넘어 신선함은 아련히 사라지고 정신적 긴장상태도 없어진 룸메이트의 이름을 가슴에 붙인 것을 보면 누군가의 소유물 같고 여성, 자신의 이름은 어디로 갔나싶다.

남편이 소속된 단체나 동창회니까 누구 부인인 줄 알기 쉽게 명찰을 단 것이지만 그것을 보면 아내는 사라지고 남편만 남아있는 것 같다. 물론 이런 때 하는 말이 '부부는 일심동체'라고 하겠지만 그 말에 전적으로 동의하는 분, 얼마나 될까? 때로 일심동체(一心同體)이고 때론 이심이체(二心二體)가 아닐까.(올 망년회부터는 남편 이름과 나란히 아내의 이름도 씁시다.)

요즘 뉴욕에서는 1.5세와 2세 여성들이 결혼 후에도 원래 자신의 성을 그대로 쓰는 경우가 늘어나고 있다. 또 이혼하자마자 처녀적 성부터 다시 찾기도 한다.

며칠 전 취재차 간 요리 강습 시간에 출석을 부르는데 등록 시에는 남편이나 처녀적 성을 썼다가 출석부 기입 시에는 성을 달리 써서 호명하는데 혼돈을 빚었다. 특강 담당자가 "미국에 와서 살면서 남편 성을 쓰는 분이 많은데 자신의 발전을 위한 여성교실에서는 원래 자신의 성을 찾자."는 아이디어를 내었다.

여성의 자아 인식이 점차 확대되면서 한국에서는 친정아버지와 어머니의 성을 함께 쓰는 여성학자와 작가가 관심을 모으기도 한다.

소설 「허난설헌」의 작가 '김신명숙'은 한국에 살면서 여성의 삶에 심각한 문제의식을 느껴 아버지의 성 '김'에 어머니의 성 '신'을 더한 새로운 성 '김신'으로 성을 쓰기 시작, 이는 가부장적 가족제도를 타파하려는 의도를 담고 있다 한다.

뉴욕에 살다가 한국으로 가서 연예계에서 활동하는 '이무영'은 "나는 아버지 아들이기도 하지만 어머니 아들이기도 하다. 아버지 성인 '송'은 30년간 사용했으니 이번에는 어머니 성 '이'를 사용, 부모의 성을 공평하게 30년씩 사용하겠다."며 예명을 지었다.

이러한 추세도 일리가 있다.

그러나 아버지 성이건 어머니 성이건 두 성을 다 쓰건, 남편 성이건 친정아버지 성이건 그런 것은 문제가 되지 않는다. 성이 민씨든 이씨든 나의 본질은 변하지 않는다. 친정아버지 성을 미국에서 다시 찾는다고 내가 바뀌어지는 것은 아니다.

수천 년간 여성에게는 복종이 계승되어 오다가 정치적, 사회적 의식이 확장되기 시작한 지 얼마 되지 않는다. 여성이 결혼과 이혼의 자유, 재산을 상속할 권리, 자녀에 대한 친권 등을 가진지 1백여 년이 안 되며 나라에 따라서는 아직 요원한 곳도 있다.

나약하지 않고 흔들리지 않고 내가 선택한 인생, 내가 책임진다는 의식만 살아있으면 성이야 별 상관이 없다. 전 세계 여성들의 별다른 움직임 없이 여성의 달 3월이 간다니 조금은 섭섭하고, 그런데 사실상 무슨 달이나 무슨 날이 무슨 소용인가, 매일을 여성의 날, 나의 날로 만드는 마음가짐이 중요한 것이지. (2001. 3.)

미국에서 아이 키우기

지난 한 주 저녁시간은 하루는 초등학교, 하루는 중학교 컨퍼런스에 가서 아이들의 교사를 만나느라 일주일이 다 지났다. 백 투 스쿨이 시작된 후 학부모와 교사가 일대 일로 처음 만나는 날이라 꽃 몇 송이를 사갈까 하여 꽃집에 들렀더니 먼저 온 한인 어머니와 여자아이가 꽃이 포장되는 것을 기다리고 있다.

아무 말도 안 했는데 꽃집 주인은 "컨퍼런스 가세요?" 하고 먼저 묻는다. 이미 누구에게 줄 것인지 알고 있어 싱싱한 장미꽃을 찾으니 이미 동이 나고 없다. "미국 교사는 봉오리가 맺힌 장미보다는 활짝 핀 꽃을 더 좋아한다."며 주인은 꽃보다는 추수감사절에 어울린다는 국화 화분을 권한다.

꽃처럼 무난한 선물도 없는 것이, 주고받을 때 분위기가 화사하고 며칠 후면 향기만 남기고 시들어 버리니 상대방에게 더 이상 마음의 부담감을 안 주는 것이다.

"킨더가든에 들어간 아이의 수업을 처음 참관한 날, 같은 반 아이들에게 뭘 사다주고 싶었어요. 껌이나 사탕은 충치를 만들 수 있고, 무얼 할까 궁리하다가 연필과 메모 북을 아이들 수대로 갖고 갔어요. 아이 생일날은 귤을 한 박스 사다주었더니 반 아이들 모두 예쁜 그림을 그린 땡큐 카드를 보내와서 미안하기도 했어요. 아장아장 걷던 아이가 아침마다 의젓하게 학교에 가는 것이 신통하고 가르치는 교사, 함께 수업하고 놀아주는 친구들이 고맙고 해서 무언가 작은 것이라도 해주고 싶어요." 하는 한 어머니 말처럼 아마도 대다수 부모 마음이 이럴 것이다. 한국적인 정서에 빈손으로 가기는 뭐하고 거창하게 사들고 가기엔 형편이 되지도 않고 쑥스럽기도 하다고.

이번 주에는 추수감사절, 다음 달에는 크리스마스가 있어 선물에 신경을 써야할 때가 다가오고 있다. '학교 선생에게는 어떻게 해야 할지 벌써부터 고민'이라는 학부모도 있다.

이맘때면 일부 부유층 한인들이 교사에게 선물할 때 몇 백 달러짜리 상품권, 보석 등을 선물하여 물의를 빚는 일이 종종 발생하곤 했다. 정 하고 싶다면 학교에 공개적으로 기부금을 전달, 수업에 필요한 비디오나 책, 기타 교재 구입에 쓰게 하거나 특별 프로그램을 만들어 한인학부모도 학교발전에 이바지한다는 것을 보여주자.

사실, 미국에 온 대부분의 학부모들이 자녀교육 때문에 이민 왔다고 한다. 주위에선 한국으로 역이주했다가 아이가 한국의 학교에 적응을 못해 도로 미국으로 오기도 한다.

과목별 학원 수업과 특별 방과 후 활동, 어린아이도 꼭두새벽부터 밤늦게 공부해야 하는 스트레스를 감당 못해 미국으로 이사 온 가정이 많다.

이왕 미국에 왔으니 이곳 정서에 맞게 아이를 키우자. 장사 혹은 맞벌이하느라 바쁘더라도, 낮에 못 가면 저녁시간에라도 담임선생과의 컨퍼런스에는 꼭 참석해야 한다. 내 아이와 하루 종일 시간을 함께 보내는 교사의 얼굴을 보고 오자.

일단 컨퍼런스에 가보라. 미국 교사들은 칭찬 일색으로 아이를 평가하여 참가한 부모의 어깨를 으쓱하게 만든다. "이 아이는 너무 나이스하다. 이 반에 함께 있어 교사인 내가 행복하고 자랑스럽다." 만일 아이가 발표력이 없고 비사교적이라면 "다소 수줍어하긴 하나 얌전해서 좋다."는 식으로 긍정적으로 말해준다.

공부를 중간 정도 해도 "이 정도면 잘한다. 못하는 아이가 훨씬 많다."는 식이니 한인 학부모들은 컨퍼런스가 있는 저녁이면 "엄마, 아빠, 너무 기분 좋다. 너 원하는 것 다해줄게, 뭐 먹고 싶니?" 하고 그날 저녁 외식을 하는 집도 많다.

우리 아이 잘 봐달라고 혼자서만 튀는 행동하지 말고, 내 돈 내가 마음대로 쓴다며 돈 자랑도 하지 말고, 자녀교육 때문에 이민 왔다면 이곳 교육의 객관적이고 합리적인 장점을 따라 공부 한번 제대로 시켜보자.

아직 크리스마스는 좀 남았지만 아이가 직접 카드를 예쁘게 그리고 영어와 한국어로 땡큐의 말을 쓰게 한 다음 5~20달러 이하의 작지만 정성이 가득한 선물을 준비하는 것은 어떨까? (2001. 7. 25)

뒤로 걷는 엄마는

지난주에 한국에선 대학 수학능력 시험이 치러졌다.

교문 앞에서 하루 종일 추위에 떨며 자녀가 시험을 잘 치르고 나오기를 기다리는 어머니, 답안지를 앞에 놓고 두 손 모아 기도하는 수험생 등 우리들에게 이러한 모습은 낯익다.

이곳에서도 오는 12월 2일부터 10일 사이에 4일 동안 뉴욕 시에 세 곳뿐인 특수학교에 들어가기 위해 8, 9학년 학생 4, 5만 명이 머리를 싸매고 입학시험을 치르고 한인 학부모를 비롯, 수험생의 배 이상으로 많은 학부형들이 새벽부터 시험장 주변에 진을 칠 것이다.

일하는 엄마가 대부분인 미국의 학부형들도 한국의 부모 이상으로 고달프다. 오후에는 애프터 스쿨에 맡기더라도 새벽부터 서둘러 아이를 학교에 등교시킨 후 직장에 출근하는 부모들이 많다.

나 역시 아침 출근길에 큰아이에 이어 둘째 아이까지 10년째 학교에 데려다 주고 직장으로 간다. 차로 데려다주는 부모, 아이의 손을 잡고 걸어서 교문 앞에 데려다 주고 버스를 타고 가는 부모 등 아침마다 만나는 얼굴들이 있다.

킨더 가든에 다니던 쌍둥이 여자아이가 6학년이 되자 어느새 훌쩍 키가 커서 자기네 엄마와 나란히 걸어가는 것을 보기도 하고 같은 버스, 같은 전철을 타는 학부모도 있다.

미국 학교는 아무리 찬비가 오고 매서운 바람이 몰아쳐도 정해진 시간이 아니면 학교에 아이를 들이지 않는다.

아이들은 오는 순서대로 줄지어 기다리고 있다가 정해진 시간에 교사가 나와서 학교로 데리고 들어간다. 그러나 일 나가는 엄마 대부분은 아이가 학교로 들어가는 것을 보고 가면 출근시간을 맞추기 어렵다. 그렇다고 회사에다 혼자만 출근시간을 10분 늦게 해달라고 요청할 수도 없다.

아이가 학교 안으로 들어가는 것을 보고 버스를 타거나 차를 출발시키면 5분내지 10분 지각을 한다. 그러자니 학교 앞에 아이는 수분 간 혼자 있게 된다.

이곳에서 자녀를 키우는 학부모들은 다 알다시피 트립(Trip) 갈 때, 오전 수업만 있을 때, 심지어 바로 학교 옆에 있는 공원에 산책가더라도 1주일 전에 학부모에게 통신문을 보내 부모의 허락 사인을 받는다.

학교는 자기 책임 분야를 철저하게 고수한다. 학교 문 밖은 부모의 책임 분야이다.

고학년인 경우는 별 걱정을 안 하지만 저학년 아이를 둔 부모는 학교 앞에 아이를 두고 주차된 차로 가거나 버스 정류장으로 가며 단 1분이라도 더 아이의 모습을 지켜보고자 한다.

그래서 뉴욕의 엄마는 뒤로 걷는다.

멀리 떨어져 보호해 줄 수도 없지만 혹시나 차도로 뛰어나가 다치지 않을까, 낯선 사람이 데려가지나 않을까 염려되어 학교 앞에 멀쩡히 잘 서 있는 아이를 계속 쳐다보면서 걷는다.

뒤로 서너 발자국 걷다가 다시 앞으로 한 발자국 걸어 앞을 확인한 다음 다시 돌아 뒤로 걷는 아침, 아이가 잘 안 보일 때까지 눈 아프게 지켜본다. 사실 우리가 미국에 살면서 돈을 벌면 얼마나 벌고, 잘살면 얼마나 더 잘살 것인가.

5년, 10년이 지나 그동안 무엇을 했나 돌이켜 보면 아이들이 무럭무럭 건강하게 자라난 것, 그것이 보람이고 기쁨이 아닌가. 이민생활에서 이룬 것은 내 뒤를 이어 자라고 있는, 나를 닮은 아이들인 것이다.

일하면서 아침저녁으로 아이들 뒷바라지가 힘에 벅차지만 이때는 잠깐이고, 자라면 부모의 손을 떠날 텐데 이 정도야 뭐 못할 것도 없다 싶은 부모들이 많을 것이다.

얼마 전 첫 아기를 낳은 후배가 병원에서 퇴원하는데 담당간호사가 '엔조이(Enjoy)!' 하라고 말했다는 것이 참으로 신선하게 들렸다.

그래서 오늘도 뉴욕의 엄마는 기꺼이 뒤로 걷는 것인가.

(2001)

맛있는 우리 말

의외의 장소에서 한국말을 들을 때가 있다.

가까운 예로 맨해튼 다운타운으로 취재를 갔다가 목이 말라 들어간 델리 그로서리에서 물 한 병을 사들고 계산을 하려고 줄을 섰는데 "안녕하세요." 하는 한국말이 들려 깜짝 놀라 고개를 들어 보니 계산대에 한국 사람이 서 있던 때다.

맨해튼 델리와 샐러드바의 70~80%가 한인들이 경영한다는 것을 알고 있으면서도 한국말이 들릴 때는 새삼스럽다.

또 백인들이 주로 찾는 일본식당에서 순서를 기다리고 있는데 멀리서 우리 일행을 보고 기모노 입은 여성이 뛰어나오더니 "이쪽으로 오셔서 기다리세요." 하고 대기실로 안내해 주었을 때, 뉴욕에서 두 시간 거리인 쇼핑몰 매장에서 일본여성인 줄 안 직원이 "어떻게 도와드릴까요?" 하고 갑자기 한국말을 할 때다.

뭐니 뭐니 해도 가장 기뻤고 반가웠던 한국말은 10년 전 둘째딸을 낳고 깜빡 정신을 놓았을 때다.

아주 짧은 순간 정신을 놓아버린 나는 모노레일을 타고 빨갛고 노랗고 파란 동심원 수십 바퀴를 돌고 있는데 "미세스 민, 미세스 민, 정신 차리세요." 하면서 내 몸을 찰싹 찰싹 때리던 옥구슬처럼 맑고 밝은 한국말, 그 말은 천상의 소리였다. 정신이 번쩍 들었다.

"오늘 제가 미세스 민을 돌볼 거에요." 하며 진통제를 먹여주던 그 한인 간호사, '미세스 민'을 이웃친구처럼, 언니처럼 다정하게 불러주어 나를 몽환의 세계에서 깨웠다. 그녀 목소리는 아직도 귀에 쟁쟁하다.

극한 상황이나 절체절명의 위기, 과도한 스트레스 속에 있을 때 사람들은 한국말을 하고 한국 몸짓을 하게 되는가 보다.

아주 오래전, 뉴욕 올드 타이머를 취재하면서 미국에서 박사학위를 받은 후 뉴욕에 살면서 50년 이상 한인사회 발전을 위해 봉사한 분을 만났었다. 아내도 세상을 떠난 지 오래고 90세가 넘은 그를 보살피는 이는 정부에서 나온 흑인 소셜워커였다.

흑인 소셜워커는 말을 못하고 누워서 식물인간처럼 지내는 그가 매일 이런 말을 한다고 전했다. 소셜워커에게 몸짓으로 매일 가방을 싸라고 시키면서 '한국 가야지, 한국 가야지' 하는 말을 계속한다는 것이었다.

한국말은 무엇일까? 미국에 살면서 정신없이 일을 하다가도 누군가 지나쳐가며 혼잣말로 한국말을 중얼거리면 쏜살같이 귓속으로 파고들던 한마디 말, 이 갈증을 풀고 싶을 때 뉴욕의 한인들은 한국 방송을 찾고 한국 드라마를 본다.

배경이 서울 시내면 내가 올 때와 많이 달라졌나 하고 정신없이 살펴보고 출연배우가 하는 말을 유심히 들으며 '요즘은 저런 말이 유행인가?' 하다보면 이렇게 한국말이 쫄깃쫄깃, 감칠맛 나게 맛있구나 하고 느끼게 된다.

이 아름다운 한국말이 미국에 와서 고생을 많이 하고 있긴 하다. 주말마다 한국학교에서 한글과 한국문화를 열심히 배우는 어린 자녀가 "밥 한 그릇만 가지고 싶어요." 하고 말할 때는 난감해진다.

그런데 2세가 하는 말은 애교라도 있지, 정작 한국말을 버리는 것은 어른들이다.

일을 시키면서 제대로 못한다고 타인종 종업원 앞에서 '년', '놈' 같은 거친 욕부터 가르치고 있지는 않은지? 욕인 줄도 모르고 한국말을 배우는 타인종도 있을 것이다.

우리말이 타국에 와서 더 이상 이지러지고 모나고 상처받지 않게 일상생활에서 언어를 순화시켜야 한다. 한국말은 우리 얼굴이다.

(2001)

내 일에 애정을

처음엔 그랬다.

집에서 차로 3분 거리에 화덕에서 장작을 때어 피자를 구워내는 피자집이 있다.

하얀 모자를 쓴 히스패닉 주방장이 땀을 흘려가며 불붙은 장작을 이리 저리 옮겨서 구워낸 담백하고도 쫄깃한 피자판은 화려하고 열정적인 피자와 어울리게 덩치 큰 그가 구워낸 것이기에 더 맛이 있었다.

그리고 철판요리 전문 식당에 가면 식칼을 이리 저리 돌려가며 원맨쇼를 하다가 구운 왕새우 조각을 고객의 입 속에 던지는 묘기로 아이들을 까르르 웃겨주는 일본인 요리사는 눈 코 입이 오종종하니 코믹하게 생긴 사람이었기에 더욱 그 일과 어울렸다.

또, 유리문으로 되어 주방이 들여다보이는 수타국수 집에서 뽀빠이처럼 팔뚝이 울퉁불퉁 튀어나온 중국인 숙수가 반죽을 이리 저리 엎어 치더니 길게 축축 늘여서 가늘게 뽑아내는 국수를 보면 이 집

자장면 국수가 쫄깃쫄깃 맛있겠다 싶었다.

그뿐인가, 감미로운 음악이 잔잔히 흐르는 불란서 식당에서 붉은 식탁보 위에 촛불이 켜진 자리로 안내하는 매니저가 눈이 파랗고 키가 후리후리하게 잘생겼다면 더욱 금상첨화였다.

이것은 분명히 인종 차별이고 편견 의식의 발로지만 사람들의 입맛에는 눈요기도 한 몫 한다.

그런데 미국이란 나라가 워낙 세계 온갖 곳에서 몰려든 다양한 인종들이 살다보니 굳이 미국인이 미국식당을, 일본인이 일본식당을, 한국인이 한국식당을 하지 않는다.

프라이드치킨 집이나 일본식당을 미국인도 하고 인도인도 하고 한국인도 하고 일본인도 한다.

다들 자신이 태어난 조국에서 하던 직업과 지위를 버리고 새로 시작하는 경우가 많다보니 박사님, 교수님, 목사님이 세탁소도 하고 델리도 하고 콜택시 운전도 한다. 그런데 교육학 박사 출신이라고 세탁소를 하면서 교수님 얼굴로 있거나 취향에 맞지 않으나 생업을 위한 것이라며 목사님 얼굴로 있는 콜택시 운전사는 부담스럽다.

사람의 직업에는 생업(生業), 직업(職業), 천직(天職)이 있다고 한다.

오로지 먹고살기 위한 것으로 하는 생업보다는 그래도 자신이 배운 기술과 지식으로 하는 직업이 낫고 또 이왕이면 하늘로부터 물려받은 천성을 지닌 자들이 하는 천직이 낫다.

왜냐하면 일 자체가 하는 사람이 좋아서 하는 것은 아무리 힘들어도 힘든 줄 모르기 때문이다.

맨해튼 소호의 어느 한국 식당 주방장은 푸른 눈, 노란 머리의 미국인이다. 한국 음식 만드는 것이 너무 재미있어서 한국에 직접 나가 요리를 배워왔다던 그가 만든 김치찌개, 적당히 매우면서 국물 한 방울까지 남기지 않고 다 먹게 만드는 그 맛은 그야말로 환상적이었다.

지금도 입에 군침이 돌 정도인데 이처럼 고객의 입맛에 딱 맞게 한다면, 그 일에 정성과 애정 없이 못한다. 그는 자신의 직업에 녹아든 것이다.

그래서 지금은 달라졌다. 피망, 블랙 올리브, 소시지가 울긋불긋 올려진 피자는 열정적으로 생긴 히스패닉이, 앙증맞게 만든 스시와 초밥은 날렵하게 생긴 일본인이, 구수한 된장찌개는 토종 한국인이 만들어야 한다는 선입관을 버린 것이다. 중요한 것은 누가 그 요리를 하느냐가 아니라 그 일을 얼마나 성심성의껏 하느냐는 것이다.

요즘 한인사회에는 오랫동안 하던 직업을 바꾸는 일이 잦다.

'새벽부터 장에 나가 물품을 사오고 배달하는 일을 낮에 하는 일로 바꾸려 한다.'는 당사자나 '15년이나 했으니 다른 업종으로 바꿀 때도 되지 않았어? 더 큰 비즈니스를 찾아봐.' 하는 주위사람들.

그러나 전업이전에 그 일이 재미있고 그 일을 하면 행복한지를 점검해야 한다. '평생 한 길을 걸은 사람'들을 인터뷰 해보면 한결같이 하는 말이 있다.

"나는 이것밖에 할 줄 몰라요. 다른 일은 상상할 수도 없어요. 이 일로 아이들 교육시키고 이만큼 살게 되었으니 얼마나 고마워요."

(2001. 5)

용돈 관리 교육부터

한국은 지금 수억에서 수백 억 원의 돈 때문에 용광로처럼 끓고 있다.

그러한 돈의 규모가 어느 정도인지 알지도 못하고 궁금하지도 않은 나는 초등학생 아이의 런치 머니 거스름돈 봉투를 앞에 놓고 감격해 있다.

가로 세로가 4×2.5인치 정도의 누런 봉투 겉에는 아이 이름 및 학년과 반, 잔액 $1을 연필로 써놓았고 안을 열어보니 꼭 꼭 접은 1달러가 들어있다.

아이가 다니는 초등학교는 매주 수요일, 다음 주 런치 머니를 받는다. 화요일 저녁에 깜빡 잊고 챙겨주지 않으면 다음 일주일동안 꼼짝없이 도시락을 싸가야 한다.

한 달에 한번 받으려면 좋으련만, 그것도 안 되면 월요일이나 화요일 미리 받으면 잊어버려도 다음날 낼 기회가 있으련만 꼭 수요일 하루만 받고 만다.

아이가 저학년 때는 학교에서 주는 런치보다는 엄마가 싸주는 김밥이나 샌드위치를 더 좋아해 가끔 런치 머니 내는 날을 일부러 잊는 것도 같더니 아침에 허둥지둥 챙기는 엄마 꼴이 한심하다 싶었던지 고학년이 된 지금은 아이가 먼저 화요일 저녁이면 런치 머니 내는 날임을 알려준다.

그런데도 잔돈이 없을 때면 '내일 아침에 학교 갈 때 줄께' 하고는 잊어버리기도 하고 다음 주에 휴일이 하루 끼어있으면 5일간 $5 내는 것을 $4만 내야 하는데 그것을 기억 못해 수시로 학교로부터 거스름돈을 받는 것이다.

자그마한 봉투 안에 동전이나 $1이 얌전히 들어앉은 것을 볼 때마다 '참, 미국 교육은 계산이 철저해서 좋네' 하고 감탄한다.

이 작은 일이 은연중에 교육 효과를 미쳐 아이들은 학교에서 트립을 가거나 책을 구입한 후, 피자 파티 후 남은 거스름돈을 10센트든, 25센트든 학교에서 돌아오자마자 가방에서 꺼내어 안방 화장대 위에 올려놓는다.

다음날 용돈을 다시 타더라도 일단 그날 쓰라고 준 돈의 거스름돈을 1센트도 어김없이 돌려주는데 처음에는 무심코 '너 가져' 하려다가 '그게 아니지' 싶어 꼭 챙기고 있다. 그리고 기프트샵에서 어떤 것을 구입했고 무엇을 사먹었느냐고 사용한 돈의 내역에 대해 일부러 물어본다.

초등학생 아이에게는 특별한 경우, 고등학생 아이에게는 1주일에 한 번씩 정기적으로 용돈을 주고 있다. 사춘기 아이는 모은 돈으로 가끔 옷을 사는 모양이지만 모른 척 한다.

그래도 유방암 환자를 위해 학교친구들에게 기부 받은 동전 한 움큼을 가져와 '이걸 갖고 대신 이 돈만큼 체크를 써달라, 엄마도 기부하고 싶으면 보태도 좋고' 하면서 수시로 자선기관을 위해 동전을 모으는 것을 보면 스스로 돈 쓰는 법을 배워가는 것 같다.

한인가정마다 용돈을 주는 방식이나 액수가 다양하겠지만 경제교육은 어려서부터 필요하다. 특히 맞벌이 가정에서는 아이와 보내는 시간이 많지 않음에 대한 미안함을 넘치는 용돈과 선물로 대신 하다보면 잘못된 경제 마인드를 가지게 될 수도 있음을 경계해야 할 것이다.

존 위트콤(Dr.John E. Whitcomb)의 저서 「스마트 머니, 스마트 키즈(Smart Money, Smart Kids)」에는 이런 내용이 나온다.

부모가 알아두어야 할 10가지 규칙으로 (1)간섭하지 말고 아이들을 믿는다. (2)실수를 통해 배우도록 한다. (3)장기간에 걸쳐 계획하는 법을 익히게 한다. (4)언제나 공정하게 대우한다. (5)단계적으로 가르친다. (6)행동에는 결과가 따르도록 대우한다. (7)형편에 맞게 생활하도록 한다. (8)부모가 먼저 모범을 보인다. (9)작더라도 저축, 자선, 투자를 자주 훈련시킨다. (10)진정한 가치는 돈의 뒤편에 있음을 주지시킨다가 있다.

요즘 한국 매스컴에 연일 등장하는 부류들이 어려서부터 책임감 있는 용돈관리 교육을 받았더라면 남의 돈을 무감각하게, 함부로 주고받지 않았을 것이다.

이번 토요일, 내게 마더스 데이 선물을 사줄 테니 백화점에 가자고 벼르는 아이들에게 아무래도 돈을 모으기보다는 쓰는 법을 너무 잘 가르친 것은 아닌가 모르겠다.

(2001. 5.)

가문의 영광

교육 취재를 갔을 때나 데스크를 보는 지금이나 '헌터중학교는 공부 잘하는 한인아이들이 많이 다니는 곳' 할 뿐 별로 대수롭게 생각지 않았었다.

그런데 두 달 전쯤 6학년생인 작은아이가 헌터중학교 시험을 볼 수 있는 학교장 추천서를 들고 왔다. 수재들이 몰린다는 학교에 시험 볼 자격이 있다는데 어떤 부모가 말릴 것인가.

그 후 토요일마다 생전처음 헌터 입시반에 데려가느라 그 복잡한 플러싱 메인 스트릿 공용주차장에서 차 앞을 긁혀가며 민모삼천지교(閔母三遷之敎)를 실천한 결과, 영어 수학은 모든 아이가 잘하므로 에세이에서 합격 여부가 판가름 난다는데 정작 아이는 그 중요한 에세이에 죽을 쑤고 있었다.

"엄마 직업이 글 쓰는 것인데 너는 왜 못 쓰냐?" 했더니 "어려서 엄마가 책을 읽어주지 않아서."란다. 그 말이 맞는 것이 큰아이는 처음이라 아무리 피곤해도 잠자리에서 동화책을 읽어주려고 노력했는데 작은아이는 단 한 번도 책을 읽어준 기억이 없다.

드디어 시험 당일인 지난 10일, 하루 휴가를 내어 맨해튼 헌터 칼리지 시험장으로 데리고 갔다. 아이가 핑크색 지원 카드를 들고 입장한 뒤, 그곳에서 만난 한인 학부모 2명과 함께 헌터 칼리지가 임시 개방한 강당으로 두어 블록 걸어가는데 그날따라 어찌나 추운지.

한 학부모가 "우리 아버지가 고등학교 시험을 보는 나를 데려다주며 떨린다고 하셨는데 아이보다 엄마인 내가 더 떨린다."고 말해 다들 동감했다.

이번 시험에는 시티 와이드 테스트 결과에 따라 소속 학교장의 추천을 받은 2,500여 명의 아이들이 시험을 보아 200여 명, 정확히는 185명을 선정한다고 한다.

"붙어도 플러싱 집에서 어떻게 다닐 지 걱정이야. 오늘아침에 시험 보러 오는데도 꼬박 한 시간 걸렸는데."

"겨우 붙는다고 해도 공부라면 난다 긴다 하는 애들 틈에 치여서 제대로 기도 못 펴면 어쩌지?"

"맨해튼 복잡한 곳에 다니자면 주위에 유혹이 많을 텐데, 차라리 집 근처 학교가 안전하고 아이도 피곤하지 않을 텐데."

다들 똑같은 걱정을 하고 있었다.

드디어 시험이 12시 15분에 끝나고 수천 명이 한꺼번에 몰리는 사고 방지를 위해 헌터 칼리지 건물을 돌아 몇 블록 구간에 걸쳐 초록색 카드를 든 학부형들을 줄 세웠다. 11시 40분부터 서있어도 까마득한 앞줄은 줄어들 줄 모르고 얼굴은 시리고 발은 동상 걸릴 지경이었다.

도대체 미국에서 이런 특수학교가 왜 필요해? 그냥 가까운 거리의 학교에 보낼 걸 내가 왜 이런 궁상스런 고생을 하나 하는 후회도 잠시 했다. 한 시간도 더 기다려 온몸이 동태가 될 즈음에야 학교 안으로 들어가 아이를 데리고 나왔다.

"에세이 주제가 뭐야?"

"안 가르쳐 줘."

"왜?"

"칼럼에 쓸 거잖아."

말 안 하려는 아이를 달래어 겨우 알아낸 이번 헌터중학교 에세이 시험 주제는 좋아하는 음식 한 가지를 쓰고 그것을 먹을 때의 느낌을 쓰라는 것이란다.

"너는 무슨 요리라고 썼어?"

워낙 아무 거나 잘 먹고 먹는 것을 좋아하는 아이인지라 대단히 궁금했다.

"히히, 웃겨. 김치 썼어."

나도 따라 웃었다.

김치를 담글 때면 마늘과 생강을 자기가 빻고 싶다며 절구를 가져가는 아이, 젓가락보다 손가락으로 먹는 것이 더 맛있다며 김치병 통째로 밥도 없이 김치를 집어먹는 아이가 아닌가.

헌터 다니는 한인 아이가 부지기수인데 왜 이렇게 장황하게 아이

자랑을 하냐고 하겠지만 이 아이는 공립학교 유치원인 킨더가든을 가야하는 9월을 앞두고도 ABC를 몰랐다. 그래서 그해 여름, 학원에서 알파벳이라도 배우고 학교에 가라고 보냈더니 그달 성적표에서 빵점을 받아왔다. 도저히 포인트를 낼 수 없을 정도로 알파벳도 모르던 아이였기에 이번 추천서가 더욱 신기한 것이다. 그동안 공부에는 별 뜻이 없어 보이던 아이가 단 한 명에게 주는 학교장 추천서를 가져왔으니 부모 마음에 신통방통하기 짝이 없는 것이다.

그 어려운 학교에 그냥 시험 한 번 본 것만으로도 우리 가족은 히히 웃으며 말한다.

"바로 이것이 '가문의 영광'이여." (2002. 1. 17)

*아이는 헌터중학교 입학시험에 떨어졌다. 3년 후 뉴욕최고 특수학교인 스타이브센트 고등학교 입학시험에 붙었다.

터닝 포인트

졸업 시즌이다. 우리 가족 중에도 졸업생이 있다.

작은아이가 지난 19일 초등학교를 졸업했고 조카 셋이 중학교와 고등학교를 각각 졸업하여 상급학교로 진학했다. 졸업생 아이들은 '졸업'이란 단어에 매료되어 마치 벼슬한 것처럼, 어른이 된 것처럼 뻐긴다. 기저귀 차고 아장아장 걷던 것이 눈에 선해 '내가 너의 과거를 다 알고 있다' 싶은데 그 천진한 들뜸과 동시에 쑥스러워하는 것이 우습기도 하고 그만큼 자라준 것이 대견하기도 하다.

작은아이는 "나, 이제 아기 아니야. 베이비라고 부르지마." 하고 단호하게 선언했다. "네가 스무 살이 되고 마흔 살이 되어도 넌 엄마의 영원한 베이비야." 하자 입을 삐죽거린다.

졸업식날 입을 드레스가 필요하다, 졸업식날 하이힐을 신겠다, 네일살롱에 가서 손톱·발톱 손질을 해달라 등등 어린것이 프롬 파티 갈 것도 아니면서 주문도 많다. 그리고 도서실 선생과 담임선생 선물을 두 개 사달라고 했다.

다른 것은 안 되어도 선물은 오케이. 네 사람분의 작고 예쁜 선물을 사다주었다.

여분의 한 사람은 이번 학기를 끝으로 은퇴하는 교감선생이다. 이 분은 큰아이 적부터 작은아이 때까지 12년을 지켜 봐왔는데 마주칠 때마다 얼마나 친절하게 대해주는지 아무것도 모르던 초창기 이민자들의 마음을 푹 놓이게 만들었다. 특히 한인 아이들이 공부 잘하고 착하다며 얼마나 귀여워하는지 그 은혜가 깊다.

또 한 사람은 학교 앞 차도를 비가 오나 눈이 오나 신호등 역할을 해주는 학교 건널목 안전요원이다. 처음 보았을 때는 진한 화장에 짧은 스커트 차림이 인형처럼 보였고 몸매도 든든한 육체파로 건강한 매력을 주었다. 요즘 보니 십년 이상 그 찬 눈보라와 비바람을 한데서 맞느라 피부가 상하고 늙어 바지 입은 모습을 보이기도 한다.

어쩌다 출근길이 바쁠 때는 아이가 길을 채 건너가기 전에 돌아서 갈 때도 있었는데 그녀는 양팔을 활짝 벌려 차를 막아서서 안전하게 길을 건너게 해주었다.

앞으로 만날 일이 없겠지만 그 두 사람은 우리 가족 이민사에 잊을 수 없는 사람들이다.

아이가 졸업생 대표를 하였는데 그중 한 대목이 귀에 들어왔다.

"그동안 많은 협조를 해준 부모님, 선생님, 학교에 감사한다. 이번 졸업식이 삶의 터닝 포인트라고 생각한다."

이 터닝 포인트(The Turning Point)라는 말은 흔하면서도 참으로 오묘한 뜻이 담겨있다.

아이는 본인이 원하던 중학교에 들어가지 못해 엉엉 울던 기억을 새까맣게 잊어버리고(부모 마음에는 태어나서 처음으로 좌절을 맛본 아이의 터닝 포인트가 그때인 줄 알았는데) 졸업식을 터닝 포인트로 새롭게 태어나겠다고 한다.

삶의 방향이, 색깔이 바꾸어지는 삶의 전환점은 누구에게나 있을 것 같으면서도 스스로 만들지 않으면 오지 않는다.

수십 년간 직장생활을 하다가 창업 하거나 공무원 생활을 하다가 목사 안수를 받는 등 오랫동안 살아온 길을 달리 살기도 하고 중병에서 살아난 것을 계기로 마음가짐과 삶의 태도가 180도 달라져 봉사의 삶을 살기도 하고 이혼을 하려다가 다시 마음이 합쳐지기도 한다.(물론 그 반대경우도 있겠다)

만약 바뀌진 인생의 방향이나 성격이 지금까지 살아온 길보다 바람직하다면 그 기회를 놓치지 말아야 한다.

우리 모두, 지금의 삶이 너무 지치고 힘들어 행복하지 않다면 내 삶의 터닝 포인트를 정해보자. 앞으로 1년 뒤, 5년 뒤 등을 터닝 포인트의 시기로 잡고 서서히 준비를 해보자. 앞으로 더욱 잘살기 위해서, 더 많이 행복하기 위해서 우리는 내 삶의 터닝 포인트를 놓치지 말아야한다.

그러기 위해서는 나태한 생활태도를 버리고 습관(만남, 버릇 등)들을 새롭게, 폭넓고 변화 있게 바꾸어야 하며 나 자신을 위한 투자

(운동이든 공부든)를 열심히 해야 한다.

물론 이만 하면 되었다 하는 사람들은 그 자리를 유지하며 그대로 살다 가면 된다. 내 인생 내 맘대로인데 아무도 뭐라 하지 않는다.

(2002. 6. 26)

사춘기와 사추기

봄인가 했더니 여름 날씨가 몰려오고, 다시 싸늘해지는 등 변덕스런 뉴욕 날씨가 이어지면서 채 피기도 전에 꽃이 떨어지고 있는 나무들, '나더러 어쩌란 말이냐' 항의하는 듯하다.

그래도 계절은 아직 봄이라 춘정이 몰려온 사춘기(思春期)와 사추기(思秋期)에 접어든 사람들, 그 중간에 어정쩡하게 낀 나도 덩달아 시달리고 있다.

실크의 물결처럼 보드라운 바람 한줄기에 가슴이 일렁이고 새하얀 목련이 파란 하늘을 배경으로 손 내밀고 있는 것을 보면 뭔가 아련해지는 기분, 그 기분을 모르는 것은 아니지만 사춘기 아이는 자꾸 옷을 사달라고 한다.

'봄인데 입을 옷이 하나도 없다'는 것이다. 작년에 입던 것은 낡고 유행이 지났고 엄마 옷은 자기 스타일이 아니라서 못 입겠다는 것이다.

이성에의 관심이 일어나고 외모에 신경을 쓰게 되는 사춘기의 첫 번째 특징을 모르는 체 할 수 없어 지난 주말은 발바닥에 불이 나도록 옷가게를 누벼야 했다.

그리고 10대의 통과의식처럼 브리티니 스피어스, 에론 카터 등 10대 팝 스타들의 새 CD를 사려고 심부름을 하고 청소도 하고 빨래도 하려든다.

사춘기 아이뿐만 아니라 주위에 있는 중년여성들, 특히 사추기에 접어든 50대 여성은 자꾸만 허전하고 외롭다 하더니 나름대로 인생의 가을을 멋지게 맞이하는 법을 찾아냈다.

이 나이는 사춘기 못지않은 급격한 신체적 변화를 겪으니 '사추기'라는 단어가 공인된 것은 아니지만 그런대로 정확하고 낭만 있어 보인다.

호르몬이 갑자기 부족해지며 얼굴이 화끈거리고 가슴이 두근거리는 이 시기의 증상을 달래러 콘서트, 전시회, 문화강좌 등 갖가지 행사를 쫓아다니며 뒤늦게 향학열을 불태우는 가하면 스포츠 센터 회원권을 끊어 매일 운동을 하며 건강에 대한 불안감을 해소하기도 한다. 사추기를 보내는 여러 가지 방법 중 요즘 한인사회에서 가장 각광받는 것은 볼룸 댄스이다.

과거에는 '남편한테 운전 배우다가 이혼한다'는 말이 지금은 '남편한테 춤 배우다가 이혼한다'는 말로 바뀌었다. 스텝 하나도 제대로 못 밟느냐고 부부 싸움이 일어나기도 한다는데 내가 아는 한 부부는 '중년기의 새로운 이벤트'라며 이를 즐기고 있다.

6일 동안 열심히 일하고 금요일 저녁이면 가게문을 평소보다 조금 일찍 닫고 학원 옆에 있는 중국집에서 '자장면'(요즘은 짜장면이 아니다)을 먹은 다음, 한두 시간 동안 평소 친한 몇 커플과 함께 볼룸 댄스를 배운다. 에어로빅처럼 과격하지 않고 음악에 맞춰 재미있게 배우는 춤이 이민 스트레스를 없애주고 운동에도 좋다고 한다. 대중화된 이 볼룸 댄스는 스포츠 댄스라는 새 이름으로 불리기도 한다.

일본 영화 '쉘 위 댄스(Shall we dance?)'가 일본에 볼룸 댄스 붐을 일으키고 한국 역시 각 대학마다 댄스 동아리가 생겨나고 전 국민이 스텝을 밟고 있다는 보도가 한국 뉴스에 나오기도 했다.

그런데 사실 한국보다는 미국에 사는 한인들이 춤은 더 필요하다. 미국식으로 결혼하는 자녀들이 신랑신부로써 추는 첫 댄스, 신랑과 장모・시아버지와 며느리 등 댄스는 결혼식의 일부이며 각종 모임이나 동창회 등에서 춤 출 기회는 더욱 많다.

이처럼 사춘기든 사추기든, 나름대로 자신의 나이를 잘 보내고 있다. 평소 하고 싶고 배우고 싶어 하던 일들을 하는 것은 다 좋아 보인다.

그런데 그 중간 세대인 30~40대들은 직장과 집안일에 쫓겨 정작 본인이 원하는 것은 손도 못 대고 있는 것은 아닌가싶다.

아이 양육의 의무도 끝나지 않았고 아직 책임질 일이 많으니 매일 밤 12시 전에 잠들지 못할 정도로 일이 넘치고 눈에 보이는 것은 먼지투성이라 그만 두 손 놓고 엉엉 목 놓아 울고 싶을 때는 없었을까.

'이것도 내 일, 저것도 내 일' 하며 산더미 같은 일에 치여 이 좋은 봄날 다 보내지 말자. 일상사에 지쳐 시간을 보내기에는 창밖에 와있는 봄이 너무 아깝다. (2002)

유대인과 한국인

백투 스쿨을 앞두고 일주일간 휴가를 내어 몸 바쳐, 돈 바쳐, 시간 바쳐 아이들의 개학 준비를 해주었다.

뉴저지 에디슨의 한 쇼핑몰에서는 티셔츠, 팬츠, 재킷까지 사는 아이를 보며 '애비 에미 허리 부러지겠네' 하면서도 '일 년에 한번 마음껏 옷 사는 기간이니까' 하고 풀어 놓아주다가 쇼핑몰 안에서 여러 번 마주쳤는데도 계속 빈손으로 다니는 유대인 부자(父子)를 보았다.

턱수염을 무성하게 기른 아버지와 짧은 반바지에 가느다란 종아리를 드러낸 아들은 머리에 똑같이 동그란 유대인 모자, 키파를 쓰고 있었는데 아버지는 아들에게 참으로 신중하게 쇼핑 어드바이스를 하고 있었다.

아무리 아이가 1년 새 커서 바지 길이가 짧아지고 운동화가 작아서 새것이 필요하다지만 손에 손마다 주렁주렁 든 쇼핑백이 여러

번 마주쳐도 여전히 빈손인 그들을 보니 좀 부끄러웠다.

개학 첫날인 8일에는 집 근처 스테이플스 문구용품점에 갔다가 몰려든 군중들에 밀려 압사당할 뻔했다. 이날 뉴욕시 공립학교가 일제히 개학하며 새 학기 수업에 필요한 '스쿨 서플라이' 쪽지를 들고 초·중·고등학생들이 매장 안에 인산인해를 이룬 것이다.

올해부터 각 학교마다 공통교육과정을 채택하는 새 교육 시스템으로 새로운 준비물을 준비하느라 그런지, 왜 개학 첫날 필요한 학용품을 알려주는지 모를 일이다. 학년마다 준비할 학용품은 폴더, 자, 펜, 컴퍼스 등등 비슷비슷할 건인데.

방학 중에 가정통신문을 보내 미리 필요한 학용품을 사게 하면 문구점이 있는 도로의 차선이 완전히 정체되고 주차장이 꽉 꽉 막혀 버리는 일을 막을 수 있을 것이 아닌가.

우리는 보통 '유대인의 자녀교육'에 대해서 많은 이야기를 듣는다. 유대인은 2세 교육에 민족의 사활이 걸려있다고 생각하여 아이들에게 성경뿐만 아니라 예절까지 철두철미하게 교육시킨다고 한다. 교육열에 있어서는 한인들도 유대인에 지지 않는다.

자녀교육을 위해서 이민 왔다는 사람이 대부분이고 방과후 학교나 토요학원은 넘쳐나고 좋은 학군이라면 이사를 마다하지 않으며 '맹모삼천지교(孟母三遷之教)'를 실천하고 있다. 이러한 자녀교육에 대한 뜨거운 관심은 6월 졸업식마다 한인학생 수석 졸업 소식을 빈번하게 들려준다.

그런데 이 교육에 대한 지대한 관심만으로 뉴욕에서 살아남을 수 있을까? 물론 한국인과 유대인은 미국 이민 동기부터 다르다.

한국인들은 100년 전 하와이 사탕수수 재배 농장의 계약 노동자들로 이민의 첫발을 디뎠고 1965년 이민법 개정과 더불어 대거 미국으로 몰려들었다. 유대인들은 1930년대 히틀러의 반유대인 정책으로 인해 앞다투어 미국으로 탈출했다.

겨우 목숨만 살았을 뿐 빈 몸으로 온 그들은 식당 접시 닦기, 공장 노동자, 흑인촌 구멍가게에서 중노동을 하며 그야말로 이 땅이 유일한 길이었기에 미국에 충성했다. 무엇보다도 유대인 조직을 만들어 전국적으로 확산시켰으며 커뮤니티센터를 통해 직장을 알선하고 이민 정착을 도와주었다.

청과상, 가발상 등 중노동의 이민 정착과정은 비슷하지만 한인이민 1세들은 고향에 대한 애착이 너무 많다. 그것이 미국에 정착하는데 걸림돌이 된다.

영주권을 받은 지 10년이 넘어도 아이들 다 키우면 한국 돌아가야지 하느라 시민권 신청을 미루는 이도 있다. 성장한 2세들은 미국에 살고 부모는 한국을 왔다 갔다 하며 살게 되니 힘과 더불어 재산도 둘로 나눠지게 된다. 아직 커뮤니티센터도 없다.

또 모든 직종이 보다 상향된 직종을 위한 과도기 및 임시과정으로 여긴다. 네일가게를 하다가 좀 더 규모가 큰 세탁소나 리커 스토어로 업종을 바꾼다.

우리가 미국에서 뿌리를 내리려면 세대가 바뀌며 오랜 시간이 필요하겠지만 우선 가장 쉬운 방법으로 아이들에게 절약 정신과 민족적 결속력, 남을 돕는 생활을 먼저 가르쳐야 하지 않을까.

아무래도 뉴저지의 그 유대인은 그날 하루 아이 쇼핑만 하다가 아이에게 운동화 하나만 사주지 않았을까? 생일에는 케이크 하나로 끝내겠지 싶다. (2003. 9. 10)

내 생애 최고 걸작

지난겨울이 너무 길고 추웠기에 봄이 무척 반가웠다. 그러나 봄이 와도 봄 같지 않게 춥고 비 오는 날씨가 수시로 계속된다.

그래도 화창한 날이면 자연의 섭리를 더 이상 주체하지 못하고 수액은 연초록 새순을 밀어 올리고 하양, 노랑, 연분홍, 진분홍, 빨강 꽃들로 다투어 피어나 온 세상을 환하게 밝혀준다. 언 땅 속에서 힘든 기다림 끝에 피어난 꽃이기에 더욱 예쁘고 신기하다.

앞으로 봐도 뒤로 봐도 무엇 하나 신통할 것 없는 인간세상에서 자연은 아름다운 꽃으로 피어나 온갖 시름을 달래준다.

새하얀 목련이 우아하게 피어났다 어느 날 갑자기 뚝 뚝 떨어져 버리고 새하얀 안개 같은 도그우드꽃과 꿈처럼 아련한 분홍색 벚꽃이 풍성하게 피어나 난분분 날리더니 자주 오는 비 등쌀에 무더기로 떨어질 때는 안타깝기 그지없다. 봄꽃 잔치는 끝나가고 연하게 고개 내밀던 새순은 점점 초록이 더해가며 쑥쑥 자라고 있다.

참으로 순수하고 맑은 봄나무 같은 아이들. 한국에서는 5월 5일이 어린이날이다. 어린이는 그 기념일과 상관없이 언제나 귀하게 키워져야 한다.

지난겨울 퀸즈 33가의 현대 뮤지엄(맨해튼 뮤지엄이 수리 중 임시로 개장)에서 보았던 아이들 모습은 예술과 생명과의 경계에 대한 의문점을 던져주었다. 회화, 조각, 사진, 건축, 영화 등 현대미술의 다양한 장르를 다룬 폭넓은 작품을 전시 중인 이 뮤지엄에는 세계 걸작품들이 걸려있다.

피카소의 '아비뇽의 처녀들', 몬드리안의 '브로드웨이 부기우기', 앤디 워홀의 '골드 마릴린 몬로' 등과 나란히 걸린 샤갈의 '나와 마을(I and Village, 192.1×151.4㎝)' 앞에 옹기종기 모여 앉은 20여 명의 아이들.

"픽션으로 된 것은 무엇이지요?"

초등학교 1학년 정도 되는 고만 고만한 아이들은 저마다 빨갛고 노랗고 파란 깔판을 깔고 앉아 그림을 올려다보고 있고 교사는 끊임없이 질문하고 아이들은 손을 들어 말하고 있다.

집들이 공중에 거꾸로 떠있고 소젖 짜는 여인, 십자가, 쇠스랑 맨 농부와 여인, 꽃나무 아래 결혼반지 낀 손, 말과 남자 등이 밝은 색조로 그려진 이 그림은 고향인 러시아의 비테프스크의 추억에 잠긴 작가의 심상을 난해하나 몽환적으로 나타내고 있다.

백인, 흑인, 히스패닉, 동양인 등 다인종이 모인 아이들은 생김생김이 다르고 피부색이 다르고 앉아있는 모양새도 각양각색이다. 몸을 앞뒤로 건들건들 흔들고 있는 아이, 한 손을 올리고 올린 팔을 다른 손으로 잡고 흔들어대며 교사의 주의를 끌려는 아이, 옆 친구와 손장난하는 아이, 그림 관람은 뒷전이고 아예 몸을 뒤로 돌려 지나가는 관객 쳐다보느라 넋을 빼고 있는 아이 등 잠시도 가만있지 못하고 움직이는 동작들이 어찌나 귀여운지 걸작품을 앞에 두고 자꾸만 아이들을 쳐다보았다. 혹시나 교사들에게 어린이 유괴범(?) 의심을 살까 걱정되면서도 천문학적인 가격의 그림보다 그 앞에 살아 움직이는 아이들에게 자꾸 눈길이 갔었다.

최근 들어 먹고살기에 바쁜 부모들이 아이를 방치한다는 뉴스가 자주 나오고 있다.

맞벌이 부부인 경우 베이비시터를 두자니 형편이 안 되어 12살 미만 아이들을 보호자 없이 집에 두거나 방과 후 도서실에 방치하여 폐관시간이 되도록 있게 하고 사춘기 아이들은 길거리를 방황하는 등 그야말로 위험의 사각지대에 놓인 아이들이 많다.

길거리 밴드 음악에 맞춰 춤을 추는 아이 중에 한인아이들이 있으면 '너 여기 이러고 있는 것 엄마, 아빠가 아니? 빨리 집으로 들어가' 하고 손을 잡아끌어 내고 싶을 정도다.

밥만 먹여준다고 학교 보내주고 용돈 준다고 부모의 일이 끝난 것은 아니다. 아이가 잘 자라 혼자 앞가림 할 때까지 끊임없이 관심을 갖고 돌보아주어야 한다.

샤갈, 마티스, 피카소의 그림과 비교할 수 없게 아이들은 세상에서 제일 예쁜 보물인데 나를 똑같이 닮은 국화빵 아이를 우리는 말로만 사랑하는 것은 아닐까?

5월은 사랑을 키우는 달이라고 한다. 비록 미국에는 어린이날이 없다지만 1년 365일이 어린이날인 것처럼 '내 생애 최고 걸작품' 우리 아이들을 더 이상 방치하지 말자.

(2004. 5. 6)

발 문

자유를 찾기 위한 존재의 비상구

김수복

(시인 · 단국대 문창과 교수)

우리가 살아가는 일은 영원한 유이민(流移民)의 삶의 궤적이 아닐까. 삶이란 떠돌면서 자리를 잡고, 몸과 마음을 정착시키고, 꿈을 꾸고, 나이를 먹고, 다시 떠날 수밖에 없는 숙명을 안고 있는 것이리라.

그러기에 더욱 불안하고, 애잔하고, 기쁘고, 자랑스러운 유전의 기억들로 가득 차 있다가도, 서럽고, 안타깝고, 노엽고, 사랑스러운 회억의 순례라는 생각을 떨쳐버릴 수 없다.

민병임(이병임)의 칼럼집 『족발이든 감자든』는 그런 애잔한 삶의 진실로 나에게 다가왔다. "새벽 6시에 일어나 도시락을 싸고, 아침상을 차리고, 출근하여 사무실 불을 켜면, 밤새 잠에 빠져 있던 사물들이 화들짝 깨어나는 순간들이 그렇게 좋을 수가 없다"고 고백하는 그의 일상들은 삶의 진실에 가장 가깝다. 그 일상 속의 삶의 진실이 바로 이병임의 노마드요, 디아스포라의 힘이리라.

이 『족발이든 감자든』 칼럼들은 한 개인의 격랑의 세월 속에서 자유롭고 창조적인 역정의 결산이며, 산 역사이며, 이 시대의 증언들이 함께하고 있다. 삶의 일상 속에서 자아의 각성과 함께, 세계와 함께, 우주와 함께 자유를 찾기 위한 존재의 비상구로부터 빛을 발견하려는 '이병임 노마드'의 드라마틱한 여정을 느낀다.